음악가의 소리들

음악가의 소리들

음악가의 소리들

소 리 와

음악에 관한

10가지 대화

안상욱 인터뷰집

이매진

[이매진의 시선 22]

음악가의 소리들

소리와 음악에 관한 10가지 대화

초판 1쇄 2024년 12월 2일
지은이 안상욱
펴낸곳 이매진 **펴낸이** 정철수
등록 2003년 5월 14일 제313-2003-0183호
전화 02-3141-1917 **팩스** 02-3141-0917
이메일 imaginepub@naver.com
블로그 blog.naver.com/imaginepub
인스타그램 @imagine_publish
ISBN 979-11-5531-147-9 (03670)

일러두기

- 인터뷰는 2023년 서울국제공연예술제(SPAF)와 예술경영지원센터에서 지원을 받아 2023년 10월부터 12월까지 진행했다.

- 인터뷰에는 여러 음악가 이름이 등장한다. 개별 음악가를 설명하는 각주를 달까 고민하다가 정확한 영문 표기를 병기하는 정도로 수정했다. 그 사람들 음악을 한 번이라도 검색해서 들어 보면 좋겠다는 마음이 들었다.

- 음악가들이 전해준 음원은 각 음악가 소개글 아래에 인쇄한 큐아르 코드에 접속해 들을 수 있다.

- 사진 출처는 다음과 같다. 6쪽 ©정근호, 12쪽 ©정근호, 49쪽 ©나승렬, 65쪽 ©나승렬, 77쪽 ©이해동, 97쪽 ©이의렬, 113쪽 ©양우승, 131쪽 ©RD, 147쪽 ©나승렬, 161쪽 ©사공진, 177쪽 ©윤관희, 193쪽 ©문소현, 207쪽 ©정근호

인트로 1

미국의 음악 관련 데이터베이스 기업 루미네이트(Luminate)에 따르면 글로벌 스트리밍 사이트에 등록되는 신규 음원은 하루에 12만 개 정도다. 공식 집계되지 않는 다양한 상업적, 비상업적 음원까지 포함한다면 오늘날 우리 주변에서 들을 수 있는 음악은 훨씬 더 늘어난다. 음악의 범위를 환경음과 소음을 포함한 사운드 영역까지 확장한다면 그 수는 천문학적으로 늘어난다. 진동 주기가 일정하지 않아 음악적으로 다루기 어렵다고 여겨지던 소리들을 음악의 세계에 편입하려는 시도는 20세기 초부터 꾸준히 있어 왔으며, 현대 음악과 사운드 아트의 영역뿐 아니라 대중음악에서도 쉽게 찾아볼 수 있는 경향이다. 오늘날 우리는 가히 음악과 소리로 가득 찬 세상에 살고 있다.

소리로 가득 찬 세상에서 우리는 어떤 소리를 들어야 하는가? 또는 어떤 소리를 낼 수 있을까? 컴퓨터를 이용해 음악 작업을 해본 사람이라면 선택할 수 있는 다양한 악기와 방대한 샘플 라이브러리 앞에서 잠시 머뭇거린 경험이 있을 것이다. 전자 음악 회사들은 무한한 선택지를 한계 없는 창의력과 자유로움이라고 홍보하지만, 너무 많은 선택지는 창작자에게 피로감을 주기도 한다. 듣는 일도 마찬가지다. 세상에 너무 많은 소리가 있을 때 우리는 피로감을 느낀다. 피로감을 상쇄하는 몇 가지 방법도 개발됐는데, 익숙한 자기 취향을 반복(알고리즘 추천)하거나 듣기 싫은 소리를 철저히 차단(노이즈 캔슬링)하는 식이다.

익숙한 소리를 반복하거나 듣기 싫은 소리를 차단하는 방식 말고 다른 선택지는 없을까?

이 물음에 해답을 찾아가는 출발점으로 같은 시대를 살면서 음악을 듣고 만드는 음악가들을 만나 이야기를 들어봤다. 내 기억 속에 남아 있는 소리들, 그 소리를 꾸준히 내고 있는 음악가들을 만나 그 사람들은 어떤 소리를 들었는지, 어떤 소리를 좋아하거나 싫어하는지, 소리를 구성하는 어떤 요소들을 중요하게 생각하는지 이야기를 나눴다. 나하고 비슷한 시대를 살아가는 음악가의 소리들이 결국 내가 들은 소리와 내가 낼 수 있는 소리의 울타리를 그려줄 수 있다고 생각했다. 울타리 너머를 상상하기 전에 먼저 울타리 안에 담긴 것들을 소중하게 듣고 내가 서 있는 위치를 가늠하려 했다. 그래서 이 책에 실린 인터뷰는 개별 음악가들의 커리어보다는 나에게 들려오는 소리의 배경을 찾으려는 반복적인 질문들로 채워져 있다.

먼저 이 책에 실린 인터뷰는 내가 2024년에 발표한 음악 작품 〈12 Sounds〉의 일부라는 사실을 밝힌다. 앞에서 이야기한 문제의식 아래 제작한 〈12 Sounds〉는 스피커 12개와 음원 12개를 이용한 구체 음악 작품이자 사운드 설치 작업이다. 음악가 12명을 만나서 진행한 인터뷰의 마지막에는 이런 가상의 질문을 던졌다. "당신에게서 어떤 소리가 나고 있고 그 소리를 녹음할 수 있는 마이크가 있다면 어떤 소리가 녹음될까?" 이 인터뷰가 '음악가를 하나의 장소로 가정하는 필드 레코딩(Field Recording)'이라는 설정 아래 진행된 때문이었다. 어떤 소리를 채집하려고 마이크를 든 채 산과 바다, 공장과 도시로 향하는 사람들처럼 나도 음악가들이 내는 소리를 좀더 풍부하게 채집하려는 마음을 품은 채 인터뷰 장소로 향했다. 인터뷰를 마무리한 뒤에는 실제로 '자기에게 의미 있는' 소리를 하나씩 전달받았다.

〈12 Sounds〉는 그렇게 전달받은 소리를 각각 하나씩 스피커에 할당해 들을 수 있게 한 전시이자 그 소리를 섞고 변조하면서 만든 음악 작품이다. 전시 중에는 직접 제작한 컨트롤러를 이용해 관객이 직접 소리를 조절하며 들어볼 수 있게 했다. 어떤 소리를 듣고 출처가 궁금하면 스피커에 붙인 큐아르 코드에 접속해 음악가 인터뷰를 볼 수 있다. 우리 주변에서 한 번쯤 들어 본 어떤 소리들이 단순한 소리 객체가 아니라 생애사적 사건이자 소중한 이야기로 전달되기를 바랐다. 소리를 곡으로 연결하는 과정에서는 개별 소리가 섞이고 변조되는 도중에 벌어지는 다양한 장면들이 새로운 이야기가 되기를 바랐다. 〈12 Sounds〉에서 사용된 음원과 그 과정에서 만들어진 음악은 홈페이지(ansangwork.com)에서 들을 수 있다.

《음악가의 소리들》은 〈12 Sounds〉를 작업하는 과정에서 진행한 인터뷰 중 출판에 동의한 음악가 10명이 들려준 이야기를 묶은 책이다. 인터뷰이는 어쩔 수 없이 개인적 관계에서 파생된 인연들을 바탕으로 정했다. 처음에는 동시대 음악 현장에서 활동하는 주요 인물을 최대한 섭외하려는 욕망이 있었지만, 이 작업을 하는 목적이 백과사전식 편찬은 아닌 만큼 곧 마음을 정리했다. 인터뷰에 참여한 음악가들은 내가 그동안 음악인으로 살아오면서 다양한 방식으로 인연을 맺은 이들 중에서 장르와 성별에 따라 안배했다. 오랫동안 교류해 온 막역한 사이도 있지만 갑작스레 불쑥 건넨 연락을 반갑게 맞아 준 사람도 있었다. 소리에 관한 고민을 함께 나누고, 무엇보다 세상에 자기 소리를 성실하게 내주고 있는 음악가들에게 감사 인사를 전한다.

인트로 2

소리를 더 잘 듣기 위한 가이드

이 글은 이 책 《음악가의 소리들》에 실린 인터뷰를 더 깊이 있게 읽는 데 도움이 되는 간략한 안내문이다. 앞서 이야기한 대로 이 인터뷰들은 세상에 음악과 소리가 너무 많아져서 피로하다는 문제의식에서 비롯됐다. 여기에서는 세상에 이렇게 음악과 소리가 많아진 이유를 '악음(樂音)'의 확장이라는 맥락에서 살펴보려 한다. 이 책이 본격적인 음악 이론서가 아니고 내가 관련 내용을 깊게 다룰 만한 역량도 부족하지만, 인터뷰 질문들이 나오게 된 맥락과 오늘날 음악가들이 공유하는 시대적 지평을 이해하는 데 조금이나마 도움이 되기를 바란다.

악음의 확장사

모든 소리는 파동이다. 파동이 공기 따위 매질을 거쳐 귀로 전달돼 뇌에서 인식될 때 우리는 소리를 들을 수 있다. 이 모든 과정에서 변수가 어떻게 달라지느냐에 따라 소리의 성질이 바뀐다. 파동이 바뀌거나(북의 가죽이 울리느냐, 가야금의 현이 떨리느냐), 매질이 바뀌거나(물속에서 듣느냐 공기 중에서 듣느냐), 귀의 상태가 바뀌거나(귓속 섬모가 손상되거나), 뇌의 인식(청각을 처리하는 뇌 세포나 공동체의 관습적 청취 습관의 차이)이 달라지면 인간이 듣는 소리가 달라진다. 소리는 파동이기 때문에 진동이 있는 모든 것들은 소리를 낸다고 볼 수 있는데, 그중에서 인간이 들을 수 있는 진동수는 20헤르츠(Hz)에서 2만 헤르츠 정도다. 악음이란 인간이 듣는 가청 주파수 중에서도 음악적 재료가 될 수 있는 음을 말한다. 보통 진동 주기가 규칙적인 소리를 악음이라고 하는데, 진동수가 규칙적일 때 명확한 음의 높이, 곧 음고를 느낄 수 있기 때문이다.

주기적 진동수가 있는 소리는 자연 상태에 거의 없다. 파도 소리나 바람 소리는 비주기적 진동이 있는 소리라서 음고를 느끼기 어렵다. 반면 주기적 진동수가 있는 소리는 인간의 귀에 훨씬 또렷하게 지각된다. 자연 상태에서 쉽게 들을 수 없는 소리이기 때문에 그만큼 강렬하게 구분돼 다가온다. 1만 2000년 전에 인류가 동물 뼈로 피리를 분 때 발견한 소리는 그전까지 세상에서 듣지 못한 또렷한 악음이었다. 그런데 주기성이 있는 악음은 하나의 진동으로 구성되지 않는다. 대부분의 악음은 복진동하며, 그 결과 배음이 발생한다. 배음은 우리가 음 높이로 인지하는 진동수의 정수배로 발

생한다. 이를테면 110헤르츠(A2) 음이 울리면 그 두 배인 220헤르츠(A3), 세 배인 330헤르츠(E3), 네 배인 440헤르츠(A4) 순서로 복수의 진동이 동시에 발생한다. 이 과정에서 인류는 1도와 4도, 5도 음정을 발견하고 그런 음정 관계를 편안하게 받아들이기 시작한다.

18세기까지 이어진 장대한 서양 음악사를 음계 측면에서 축약하자면 1도, 4도, 5도 간격의 음들이 12개의 반음 간격 음계(chromatic scale)로 확장되고 조율되는 과정이라고 할 수도 있다. 17세기에 평균율이 발명되고 요한 제바스티안 바흐(Johann Sebastian Bach)가 〈평균율 클라비어 곡집〉을 발표하면서 12개 중 어떤 키로도 전조가 자유로운 놀랍고도 실용적인 화성학 체계가 확립된다. 이렇게 확립된 음 조성은 고전 음악은 물론 재즈와 대중음악을 포함해 오늘날 대부분의 음악에 적용된다. 초등학교 음악 교육은 물론 클래식 음악과 실용음악과에서 이수하는 기본 과정은 12음을 토대로 하는 조성 음악의 세계를 단단하게 수호하고 있다.

조성 음악의 발전과 그런 과정을 거쳐 만들어진 산물인 화성학 이론은 서양 음악사의 핵심을 차지하는 주제이고 지금도 활발히 연구되는 분야지만, 이 글의 관심사는 아니다. 여기서 주로 다룬 내용은 평균율로 완성된 조성 음악의 세계가 도

전받고 해체되면서 새로운 음들이 해방되고 탄생하는 20세기 이후의 역사다.

고전 음악의 체계가 확립되는 과정에서 악음의 사용은 정교하게 구조화됐다. 이를테면 장음계는 고유의 음정 관계가 있는 음이 7개 사용되며 각 음에는 기능에 따른 위계가 존재한다. 으뜸음(Tonic), 딸림음(Dominant), 이끔음(Leading tone) 등 각 음은 고유한 기능이 있으며 그 성질에 맞게 사용해야 한다. 맞게 사용하는 음이 있다는 이야기는 반대로 사용하면 안 되는 음이 있다는 뜻이다. 주기성이 있는 악음이더라도 해당 곡의 음계에 없는 음, 음계에 있더라도 기능상 어울리지 않는 음은 음악의 재료로서 지위를 임시로 박탈당한다. 연주회에서 틀린 음을 누를까 봐 노심초사하는 초보 피아니스트를 상상하면 이해가 쉽다. 88개 건반이 내는 소리는 파형의 특징으로 보면 모두 악음이

♩　12개의 음이 도출되는 과정은 역사가 꽤 복잡하다. 인터넷에서 모든 음계가 자연 상태에서 발생하는 배음에서 기원하며 그런 사실을 발견한 사람이 피타고라스라는 설명을 흔히 찾아볼 수 있는데, 배음열을 꾸준히 올라가 보면 음계에 부합하지 않은 음들이 꽤 발견되는데다 음계의 모든 음이 등장하지도 않아서 정확한 설명은 아니다. 12음계는 배음열에서 발견되는 기본적인 정수비인 1 대 2와 2 대 3의 관계, 곧 옥타브를 5도와 4도로 분할한 비율을 다양하게 응용하고 문화적으로 수정한 결과로 봐야 한다. 음악학자 최유준은 그런 의미에서 음조를 '일정한 문화 공동체가 공유하는 규범화된 음질서와 음고에 대한 관습적 반응'이라고 정의한다(최유준, 《음악문화와 감성정치》, 작은이야기, 2011, 48쪽).

지만 1음(으뜸음)으로 해결해야 하는 곡의 마지막 종지에서 단2도 관계의 음을 함께 누르면 불협화음이 만들어지며, 관객은 틀린 연주라고 느낀다. 이럴 때 틀린 음이 훨씬 잘 들린다. 악음은 자연 세계에서 훨씬 잘 들리고, 그래서 음악에 적절한 음으로 선택됐지만, 악음 간의 위계가 정교화되고 문화적 권위를 획득하게 뇌자 비악음이 훨씬 잘 들리는 일이 벌어진 것이다. 미숙한 연주자가 잘못 누른 틀린 음, 객석에서 갑자기 들리는 기침 소리나 핸드폰 알람 소리는 이렇게 잘 들리는 비악음, 또는 소음으로 치부된다. 고전 음악의 화성법과 감상법은 이런 비악음과 소음을 정교하게 걸러내며 발전했다.

인간은 신비롭고 복잡한 생명체다. 법칙이 있으면 그 법칙을 깨부수고 싶고, 허락된 것보다 더 많은 선택지를 누리고 싶어 한다. 음악가들도 예외는 아니다. 지금부터는 19세기 말부터 이어진 음악의 재료를 확장하려 도전한 음악가들 이야기다. 20세기를 지나는 동안 도전은 여러 장소에서 다양하게 시도되면서 서로 영향을 주고받았다. 편의상 분류하자면 음조를 확장하려 한 시도와 음색을 확장하려 한 시도로 나눌 수 있다. 이런 도전은 필연적이고 인과적인 흐름이라기보다는 서구 사회에서 패권을 형성한 근대적 음악 질서에 맞선 동시대적 응답에 가깝다. 그래서 시간 순서에 따르지 않고 몇몇 중요 인물과 사건을 중심으로 논의를 이어 가려 한다.

음조의 확장

쇤베르크와 음열 음악

아르놀트 쇤베르크(Arnold Schönberg)는 평균율로 조율된 고전 음악의 음조성을 탈피하려는 시도에서 빼놓을 수 없는 음악가다. 쇤베르크는 전통적 조성 음악의 화음 구조나 기법을 '자연적 질서가 아닌 하나의 인위적 질서이자 의식의 특정한 지향적 체계에 의해서 만들어진 현상'으로 바라봤다.♪ 관습적 질서가 아니라 새로운 음의 질서를 찾으려 한 결과 쇤베르크는 '12음 기법'이라는 고유의 질서를 고안한다. 12음 기법은 12개의 음 사이의 위계를 없애고 새로운 규칙을 부여하는 작곡법으로, 한 음은 나머지 11개 음이 모두 나올 때까지 다시 등장할 수 없다는 원칙 아래 만들어진 독특한 음렬에 따라 작곡된다. 한 음렬이 만들어지면 역행과 전위 등 대위법적 변용을 통해 더 많은 음렬을 얻을 수 있다. 그 결과 우리에게 익숙한 화음이나 조성이 아니라 음의 '응집력'과 '이해 가능성'이라는 새로운 보편성의 영역에

♪　박영욱, 《철학으로 현대음악 읽기》, 바다출판사, 2008, 90쪽.

도달한다.' 이른바 무조(atonal) 음악, 쇤베르크가 더 선호한 용어로 범조성(pantonal) 음악이 탄생한다.

대중은 쇤베르크가 창안한 음렬 기법을 혹평했지만 새로운 음악을 탐험하려 한 많은 음악인들은 이 시도를 지지했다. 쇤베르크하고 함께 '제2차 빈 악파'를 형성한 알반 베르크(Alban Berg)와 안톤 폰 베베른(Anton von Webern)은 물론 올리비에 메시앙(Olivier Messiaen), 피에르 불레즈(Pierre Boulez)와 리게티 죄르지(Ligeti György Sándo)에게도 영향을 미쳤다. 12음 기법 아이디어를 더욱 극한으로 밀어붙여 음고의 배열만이 아니라 강세, 길이, 음색의 배열을 작곡 원리로 사용하는 총렬 음악(total serial music)이 탄생하기도 했다.

무조 음악은 오늘날에도 듣기 난해해서 현대 음악을 감상하려는 이들에게 강력한 진입 장벽이 되기도 한다. 반대로 말하면 오늘날에도 고전적 조성 음악의 지배력이 그만큼 완고하다고 할 수 있다. 그러나 '인위적 질서'로서 고전 음악의 음조성을 넘어서려 한 시도는 음악가들에게 새로운 선택지를 줬으며, 지금도 많은 이들이 그 아이디어와 재료를 가지고 실험을 진행 중이다. 오늘날 음렬 음악은 제도화된 클래식 음악 교육에서도 결코 무시할 수 없는 일부이며 듣기에 난해할지언정 아무도 '음악이 아니다'고 말할 수 없다.

미분음과 민속 음악

쇤베르크의 음렬 음악은 고전 음악의 조성을 탈피하려 하지만 평균율로 조율된 음계를 벗어나지는 않는다. 쇤베르크는 많은 곡을 피아노로 작곡한 음악가이고, 12개의 음은 모두 정확하게 조율돼 있다. 그러나 '인위적인 질서'는 음의 위계뿐 아니라 음의 조율법 자체에 내재돼 있다. 평균율로 조율된 12개의 음은 음 사이의 진동을 최대한 단순한 비율에 가깝게 임의로 조정한 음이다. 그러나 그렇게 조율된 음들 사이에는 무수히 많은 음이 있다. 현악기의 음정을 맞추기 위해 줄감개(peg)를 돌릴 때, 또는 현악기 지판에서 손가락이 미끄러지며 글리산도(glissando)를 연주할 때, 우리는 숨겨진 음의 무한한 세계를 잠시 체험한다.

그렇게 숨겨진 음들을 미분음(microtone)이라 부른다. 더 많은 소리 재료를 원한 음악가들이 미분음의 세계를 가만히 둘 리가 없다. 이를테면 미국 음악가 해리 파치(Harry Partch)는 옥타브를 더 잘게 나눠 43음계를 만들었고 실제로 그 소리를 내는 악기를 만들어서 공연과 연주에 사용한 적이 있다. 미분음을 적극적으로 사용하는 시도는 클래

♪　박영욱, 앞의 책, 97쪽.

식이나 현대 음악가에 한정되지 않는다. 팝 음악의 젊은 천재로 불리는 제이콥 콜리어(Jacob Collier)나 킹 기자드 앤드 리자드 위자드(King Gizzard & Lizard Wizard) 같은 실험적 밴드도 미분음을 활용하는 음악을 여럿 발표해 인기를 얻었다.

미분음 세계를 탐험하는 데 실험적인 현대의 음악이 반드시 필요하지는 않다. '일정한 문화 공동체가 공유하는 규범'으로서 음조에 관한 정의를 다시 상기한다면 공동체의 역사와 전통에 따라 다양한 음계가 있는 음조가 존재하지 않을까 하는 상상을 해볼 수 있다. 실제로 그렇다. 아랍의 음계 마캄(Maqam)은 24음계로 구성된다. 인도 음악에 쓰는 슈루티(Shruti)는 22개의 음계를 사용한다. 이렇게 다양한 지역의 민속 음악은 서구 음악의 보편성에 도전하는 강력한 힘이 있다. 바르토크 벨라(Béla Bartók)가 유럽의 민속 음악을 탐구하고, 비틀즈(The Beatles)가 인도 민속 음악을 도입한 사례처럼 소리의 세계를 진지하게 탐구한 많은 음악가가 민속 음악의 매력에 빠져든 일은 우연이 아니다.

민속 음악의 음조는 악보화된 형태로 전승되지 않는다. 민속 음악의 요체는 공동체의 관습으로 구전된다. 고전적인 민속 음악 교육은 스승의 소리를 제자가 듣고 따라 하는 방식이다. 한국 전통 음악도 마찬가지다. 정간보라는 고유의 표기법을 사용한다고 해도 음과 음 사이의 수많은 미분음은 표시될 수 없다. 요성, 추성, 퇴성 등 숱한 시김새가 지역마다 다르고 평조, 우조, 계면조 등 조에 따라서도 사용법이 천차만별이다. 이 시김새에 담긴 미분음들 때문에 한국 전통 음악은 비로소 전통 음악답게 들린다. 전통 음악에 유파가 존재하는 이유도 스승에 따라서 사용하는 음조가 미묘하게 다른데다 그런 차이가 고유한 미적 성취를 의미하기 때문이다.

그래서 12음계의 평균율이 전통 음악의 음조를 만나면 미묘한 긴장이 발생한다. 이 책에 실린 인터뷰에서도 그런 흔적을 찾을 수 있다. 박경소는 정확하게 조율된 피아노를 연주하다가 처음 가야금을 연주한 때 느낀 당혹스러움을 이야기하며, 이해동은 서아프리카 부족의 음악을 듣고서 받은 충격을 잊지 못한다. 블루스를 연주하는 피아니스트 남메아리가 하는 고민도 마찬가지다. 블루스를 블루스답게 만드는 음정(블루 노트)은 오늘날 오선보에 분명하게 표시될 수 있지만, 블루 노트는 서아프리카 민속 음악에 기원이 있기 때문에 언제나 오선보에 표기된 음 이상의 울림을 포함한다. 블루 노트의 쓰임새는 '사실상 이론화를 거부'하는데, 왜냐하면 '우리가 특정 지역의 사투리를 이론을 통해 배울 수 없는 것'처럼 특정 문화의 전통과 관습 자체를 포함하기

때문이다.'

음렬 음악처럼 미분음을 적극적으로 사용하는 음악들은 고전 음악이 규정한 악음의 세계를 확장해 왔다. 더 정확히 말하면 다르게 확장된 형태로 이미 존재해 왔다. 그러나 음열 음악이 그러하듯 전통 음악과 미분음은 지구적 보편성을 획득한 서구 음악에 견줘 힘이 약하다. 서구화된 사회에 적응하려는 지역 민속 음악가들은 조율법을 수정하거나 오선보 표기를 받아들이기도 한다. 전통 음악과 미분음의 세계를 보존하고 발전시키는 문제는 오늘날 우리가 함께 고민해야 할 중요한 과제다. 인터뷰에 참여한 최우정이 한 말처럼 '도와 도 샤프(#) 사이의 수많은 소리들'을 평생 인지하지 못하고 죽는 것은 너무나 아까운 일일 테니 말이다.

음색의 확장

지금까지 음조에 관련해 음악가들이 얻게 된 확장된 음악의 재료를 살펴봤다. 오늘날 음악가들은 자기가 의도한 바에 따라 조성과 화음의 규칙에서 벗어난 자유로운 음을 과감하게 사용할 수 있게 됐으며, 조율된 음 사이의 무수히 많은 미분음까지 악음으로 사용할 수 있게 됐다. 그만큼 복잡하고 미묘한 음악이 많아진 세상이라는 말이기도 하다.

이제 음조가 아니라 음색의 확장을 이야기해 보자. 음색은 오늘날 음악에서 아주 중요한 위치에 있지만 얼마 전에야 본격적인 음악의 재료로 탐구되기 시작했다. 바흐가 1747년에 작곡한 〈음악의 헌정〉에는 성부별로 연주할 악기를 표기하지 않고 있는데, 그때는 그만큼 음색이 음고에 견줘 관심을 끌지 못한 시기라는 말이기도 하다. 음색에 차이가 있는 다양한 오케스트라 악기가 만들어지기는 했지만, 어디까지나 정확한 음고를 내는 데 목적이 있었다. 악기가 낼 수 있는 비주기적인 소음은 19세기 중반부터 조금씩 탐구되기 시작했다. 이를테면 활대로 현을 두드리거나 비비는 연주법인 '콜 레뇨(Col legno)'는 18세기에는 소음으로 여겨지다가 19세기에 이르러 '음악적 음'으로 포섭된다. 앞서 고도로 조직된 악음의 세계에서는 소음이 더 잘 들린다는 이야기를 했다. 음악가들은 이 '틀린 음'이 때에 따라서 관객의 귀를 사로잡고 색다른 음색을 만들어 음악에 생기를 부여한다는 사실을 알아차렸다.

그럼 이제 광활한 소음과 음색의 세계로 탐험을 떠난 음악가들 이야기를 해보자.

♩　최유준, 앞의 책, 158쪽.

♩♩　김진호, 《매혹의 음색》, 갈무리, 2014, 36쪽.

소음과 음악의 미래

고전 음악의 세계에서 소음이란 진동수가 비주기적이어서 음악적 재료로 사용하는 데 적절하지 못한 음을 뜻한다. 그렇지만 소음은 물리적 진동만이 아니라 개인적, 사회적, 문화적 가치에 밀접하게 관련된다. 특정 소리를 소음으로 인식하는 태도는 특정 사회나 문화가 이미 확립해 놓은 인식 틀에 영향을 받는다. "소음이 프레임 안으로 용인된다면 그것은 더 이상 소음으로서의 의미를 갖지 않는다."[ ] 인간의 인식이 변화할 때 소음과 악음의 위치는 요동치기 시작한다. 그런 의미에서 서양 음악사는 '한편으로 소음을 악음으로 받아들이는 과정, 혹은 악음의 영역을 넓히는 과정'으로 볼 수 있다.[ ] 우리에게 4분 33초 동안 이어지는 침묵과 그 사이로 들리는 공간의 소음을 듣게 만든 작곡가로 유명한 존 케이지(John Cage)는 1937년 음악의 미래를 조망하는 글에서 이렇게 이야기한다.

내 생각에 소음을 사용해 음악을 만드는 행위는 계속되고 증가할 것이다. 마침내 전자 악기의 도움으로 음악을 만드는 단계에 이르기까지 전자 악기를 통해 우리의 귀에 들리는 모든 소리를 음악적 목적으로 사용할 수 있게 된다. 광전자, 필름, 음악을 합성하기 위한 기계적 수단의 탐구가 이루어질 것이다. 과거에 불협화음과 협화음이 충돌했다면 미래에는 소음과 이른바 악음이 충돌한다. 현재의 작곡법, 특히 화성 및 소리의 영역 안에서 화성과 관계 있는 특정 음정을 이용하는 방법은 소리의 전 영역을 상대하게 된 작곡가에게 부적절해질 것이다.[♪♪♪]

존 케이지의 전망은 오늘날 대부분 실현된 듯하다. 케이지보다 20년 앞서 소음의 가능성에 열광하며 음악에 소음을 적극적으로 도입할 것을 주장한 또 한 사람이 있다. 이탈리아의 미래파 작곡가 루이지 루솔로(Luigi Russolo)는 1917년 1차 대전이 발발하기 하루 전날에 쓴 선언문 〈소음의 예술(The Art of Noise)〉에서 이렇게 말한다.

우리의 감성을 자극하고 고양시키기 위해서 음악은 가장 복잡한 폴리포니와 극도의 다양성을 향해 발전하였다. 그 과정은 극단적으로 복잡한 불협화음의 진행 방법을 탐구하는 것이었으며, 그것은 음악적 소음의 탄생을 희미하게 준비하였다. 이러한 '노이즈

♪   김경화, 〈노이즈 듣기: 20세기 청각 문화 안에서 소음의 소리 정체성〉, 《음악이론연구》 제27집, 2016, 142쪽.

♪♪   김진호, 앞의 책, 15쪽.

♪♪♪   존 케이지, 《사일런스》, 오픈하우스, 2014, 3~4쪽(John Cage, *Silence*, Wesleyan University Press, 1961).

사운드'를 향한 진보는 이전에는 불가능하였다. 18세기 인들의 귀는 우리의 오케스트라(현재의 규모는 그때보다 세 배가 되었다)가 만들어 내는 특정 화음들의 강렬한 불협화음을 견딜 수 없을 것이다. 반면 현대적 삶에 의해 우리의 청각이 이미 학습되었기 때문에 우리의 귀는 다양 한 종류의 소음을 쏟아 내는 그 소리를 즐거워한다. 그러나 우리의 귀는 여기에 만족하시 않고 풍부한 음향적 감성을 요구한다. …… 우리는 순수한 소리(pure sound)의 제한된 경계를 무너뜨리고 소음(noise sound)의 무한한 다양성을 정복해야 한다.'

루솔로가 한 선언에는 기술 발전과 인류 진보, 기계화된 문명을 향한 찬양과 흥분이 담겨 있다. 고도화된 산업 사회에서 인간의 귀는 이미 세상의 다양한 소음을 받아들일 준비를 마쳤다. 실제로 루솔로는 제철소, 지하철, 비행기 등 도시를 장식한 여러 소음을 음악에 적극적으로 도입했으며, 인토나루모리(intonarumori)라는 소음 기계를 제작해 연주회에 사용하기도 했다.

산업화된 사회의 소음이 얼마나 아름답게 들릴 수 있는지는 오늘날 논쟁적인 주제다. 다만 루솔로가 제시한 통찰은 지금까지 내려온 '악음과 소점의 대립을 뛰어넘어, 음악 작품의 소재인 소리의 본질에 대해 근본적으로 다시 질문하게 함으로써 음악사에서 주목할 만한 하나의 전환점'이 됐다.[♪] 도시의 소음과 음악의 만남이라는 주제는 그 뒤 일본을 중심으로 발달한 노이즈 음악과 1970년대 인더스트리얼 음악으로 이어진다.

구체 음악

구체 음악(Musique Concrète)은 우리 주변에서 들을 수 있는 '구체적인' 소리 재료들을 녹음하고 조작하여 만드는 음악을 말한다. 구체적인 소리 재료란 주변 환경에서 들리는 자연적 소리, 보통 음악적이라 여기지 않는 합성한 소리, 전통적 악기 소리와 비전통적 악기 소리를 포함한 폭넓은 소리다.[♪♪♪] 사실상 녹음될 수 있는 모든 소리가 음악 재료가 될 수 있다.

프랑스 국영 방송국 엔지니어 피에르 셰페르(Pierre Schae-ffer)가 1948년 〈철길 연습곡(Études aux chemins de fer)〉을 발표하면서 구체 음악의 가능성을 처음 선보인다.

♪　Luigi Russolo, *The Art of Noise: Destruction of Music by Futurist Machines*, UK Sun Vision Press, 2012, p. 55, 57, 61(김경화, 앞의 글, 148쪽 재인용).

♪♪　토리고에 게이코, 《소리의 재발견》, 한명호 옮김, 그물코, 2015, 36~37쪽(鳥越 けい子, 《サウンドスケープ ― その思想と実践》, 1997, 鹿島出版会).

♪♪♪　데이비드 코프, 《현대 음악 작곡법》, 김순락 옮김, 세광음악출판사, 1994, 188쪽.

녹음실에서 일하면서 소리를 다양하게 변조하는 데 관심을 쏟은 셰페르는 바티뇰 기차역에서 기관사 6명한테 도움을 받아 선로를 오가는 열차 소리를 자기 테이프에 녹음한 뒤 스튜디오로 돌아와 특정 구간을 잘라 붙이고 재생 속도를 다르게 하는 독특한 방식으로 음악을 만들었다. 같은 해 셰페르는 비슷한 방식으로 만든 음악 다섯 곡을 모아서 〈소음 연습곡(Études de bruits)〉을 발표한 뒤 이런 형식의 음악에 구체 음악이라는 이름을 붙였다.

그 뒤 셰페르는 1966년 《음악적 객체 서설(Traité des objets musicaux)》을 출간하며 구체 음악의 개념을 정립하고 이론화하는 데 몰두한다. 여기서 셰페르가 제시한 개념이 지금도 널리 사용되는 만큼 주요 개념을 간단하게 살펴보자.

먼저 셰페르는 구체 음악의 재료가 되는 '구체적 소리'를 '소리 객체(sound object)'라고 부른다. 소리 객체란 인간에게 지각된 모든 소리 현상을 말하는데, 구체 음악 작곡가는 소리 객체를 녹음하는 행위를 통해 음악 재료를 수집한다. 숱한 소리 객체 중에 음악가가 선택하고 조작해 '음악적' 맥락을 부여한 대상을 '음악적 개체(musical object)'라 한다. 이 음악적 개체를 연결하면 구체 음악이 만들어진다.' 구체 음악이 노리는 미학적 목표는 소리 객체를 원래의 문맥에서 떼어 내고 소리가 주는 순수한 물리적이고 음향적인 특질을 듣게 하는 데 있다.

예컨대 〈철길 연습곡〉이 거둔 음악적 성취는 기차가 역으로 들어오고 있다는 상황이 소거될 때에야 비로소 들리는 소리의 독특한 질감과 리듬감이다. 지난날 많은 작곡가가 추상적인 음들을 조합해 구체적 현상을 묘사했다. 낭만주의 시대의 호른이 목가적인 멜로디로 전원의 평화로운 풍경을 묘사했다면, 구체 음악가는 반대로 농장에서 부는 바람 소리를 녹음해 추상적인 음색으로 들려준다. 음악적인 것을 사유하는 놀라운 전환이 벌어진 셈이다.

셰페르는 '어쿠스마틱(acousmatique)'이라는 개념을 통해 구체 음악을 가능하게 하는 새로운 청취법도 제시한다. 어쿠스마틱은 그리스 시대 피타고라스가 스승의 구체적인 모습을 보지 못하도록 커튼으로 가리고 목소리에 집중하게 한 강의법에서 유래한 개념이다. 어쿠스마틱 청취는 소리가 발생한 출처인 '시청각적 복합체(audiovisual complex)'에서 소리를 고립시키고 어떤 대상하고도 결부되지 않은 소리 객체로서 소리를 대상화한다. 그 결과 '특정한 상황이나 맥락, 혹은 의미나 내러티브의 영역에서 벗어나 비연속적인

♩　김진호, 앞의 책, 54~55쪽.

소리 자체를 경험'하게 된다.'

셰페르의 음악은 인터넷에서 쉽게 들을 수 있다. 아마 대부분의 사람은 이런 소리가 어떻게 음악이냐고 의심하면서 고개를 갸웃거릴 수도 있다. 그렇지만 쇤베르크의 음렬 음악이 그러하듯 셰페르의 구체 음악도 음악적 재료를 확장하려 꿈꾸던 많은 음악가의 관심을 받았다. 불레즈는 셰페르의 스튜디오를 찾아가 비슷한 방식으로 1951년에 〈두 개의 연습곡(Duex études)〉을 발표한다. 불레즈는 이런 과정에서 기술에 바탕해 새로운 소리를 발견하는 경험을 할 뿐 아니라 인간보다 더 세밀하게 작곡가가 지닌 의도를 정확히 연주할 수 있는 전자 음악의 가능성을 확인한다. 셰페르의 음악은 프랑스를 넘어 유럽과 미국으로 빠르게 전파된다. 초기 전자 음악의 역사에서 빼놓을 수 없는 혁신가 칼하인츠 슈톡하우젠(Karlheinz Stockhausen)도 독일 쾰른에서 구체 음악의 방법과 전자적 소리 합성 기법을 결합해 1956년 〈소년의 노래(Gesang der Jünglinge)〉를 발표하며 실험에 동참한다.

음악사에서 구체 음악은 '작곡가들이 소재로 사용할 수 있는 소리를 무한대의 영역으로까지 넓혀 주었다는 점'에서 중요한 기여를 한다." 무수한 소리 객체는 작곡가들이 자기만의 '개인적 의미를 창조하는 터전'이 됐고, 음악가는 저마다 지닌 창의적 상상력과 기법을 통해 '고유한 의미'를 구성할 수 있게 됐다.♪♪♪ 악음의 확장이라는 맥락에서 봐도 엄청난 사건이 아닐 수 없다. 구체 음악이 제시한 기법과 발상의 전환은 오늘날 거의 모든 음악 분야에 영향을 미쳤다. 구체 음악은 영어권에 테이프 뮤직(Tape Music)으로 소개돼 오늘날 현대 음악의 중요한 형식 중 하나가 됐으며, 소리 처리 기술이 발전하면서 다양한 음악적 실험으로 구성된 계보를 만들어 냈다.

현대 음악뿐 아니라 대중음악 영역에서도 구체 음악 기법은 활발히 응용된다. 힙합 음악에서 중요한 샘플링 기법도 구체 음악하고 비슷한 아이디어를 공유한다고 볼 수 있다. 구체 음악을 잘 몰라도 여러 디제이와 비트 메이커들이 녹음된 소리 객체(오래된 레코드판)에서 나오는 소리를 자르고 변조하고 이어 붙여 본래의 출처에서 벗어난 새로운 작품을 만들었다. 우리가 경험한 음악의 변화는 단선적 역사가 아니라 동시대적 응답에 가깝다는 점을 다시 한 번 상기하자.

♪　김경화, 앞의 글, 154쪽.

♪♪　이석원, 《현대사회, 현대문화, 현대음악》, 심설당, 2010, 206쪽.

♪♪♪　김진호, 앞의 책, 355쪽.

사운드스케이프

한국어로 '소리 풍경'이라고 번역하기도 하는 '사운드스케이프 (Soundscape)'는 현대 음악 용어 중에서 오늘날 가장 많이 사용하는 말이다. 보통 '자연이나 공간의 소리를 녹음한 것'을 가리키는데, 때로는 그냥 '소리'라고 하면 될 말의 세련된 대체어가 된 듯한 느낌도 든다. 그렇지만 음악적 개념으로서 사운드스케이프는 소리에 관한 고유한 접근 방식을 지닌 사상이자 실천을 말한다. 우리가 의식하든 의식하지 못하든, 사운드스케이프 사상은 현대 음악 환경에 큰 영향을 미쳤다. 이 책에 실린 인터뷰에도 자주 등장하는 만큼 좀 더 자세히 살펴보자.

사운드스케이프라는 용어를 의미 있는 음악적 개념으로 정식화한 사람은 캐나다 음악가 머레이 쉐이퍼(Murray Schafer)다. 쉐이퍼는 현대 사회에 새로운 문제로 등장한 소음 공해를 숙고하면서 '음악 이외의 환경음 일반에 대해서는 폐쇄성을 보이는 현대인의 청취 태도'와 '오직 콘서트홀 안의 소리에만 관심을 가졌던 음악가'의 태도를 반성하기 시작한다. 그리고 이 세상에 존재하는 삼라만상의 소리를 조율하기 위해 소리 환경을 연구하고 조사하기 시작한다. 이른바 '세계 사운드스케이프 프로젝트(World Soundscape Project·WSP)'다. 프로젝트에 참여자들은 학제 간 통합적

연구를 거쳐 소리를 기록하고 분석하는 다양한 방식을 개발하고 여러 연구 보고서와 음반을 발표한다. 프로젝트를 마무리하면서 쉐이퍼와 동료들은 사운드스케이프를 이렇게 정의한다.

소리 풍경은 개인이나 특정 사회가 어떻게 지각하고 이해하고 있는가에 강조점을 둔 소리 환경이다. 따라서 소리 풍경은 개인이 그 환경과 어떠한 관계를 맺는가에 따라서 규정된다. 이 용어는 현실 환경을 뜻하는 경우도 있고, 특히 그것이 인위적 환경의 일종이라고 보이는 경우에는 음악 작품이나 테이프 몽타주 같은 추상적 구축물을 뜻할 때도 있다.♬♬

사운드스케이프는 현실의 환경음이 될 수도 있고 음악 작품이나 테이프 음악, 곧 현실의 환경음을 녹음해서 조작한 구체 음악 작품일 수도 있다. 여기에서는 '개인이나 특정 사회'가 소리를 '어떻게' 지각하고 이해하는지가 중요하다. 이 지점에서 쉐이퍼는 구체 음악이 소리는 다루는 방식하고 결별한

♪   토리고에 게이코, 앞의 책, 41쪽.
♬♬ Barry Truax(ed.), *A Handbook for Acoustic Ecology*, Vancouver: A.R.C. Publication, 1978(토리고에 게이코, 앞의 책, 55쪽 재인용).

다. 쉐이퍼는 셰페르의 소리 객체가 소리를 '표본실의 표본'처럼 다룬다고 비판하면서 소리를 객체(object)가 아니라 사건(event), 곧 음사상(sound event)으로 바라보자고 제안한다. 사건이 되는 소리는 어떤 상황에서 시간의 흐름하고 함께 발생하며 구체적 맥락 속에만 존재한다. 사운드스케이프를 연구한다는 것은 '소리가(또는 소리와 사람이) 서로 영향이나 변화를 주고받는 상황'을 고민하는 실천적 태도로서 '실험실에서 각각의 소리를 잘게 썰어 내는 것과 비교하면 무한히 어려운 일'이다. 쉐이퍼는 사실 처음부터 '악음의 확장'이 아니라 소음이 너무 많아진 '세상을 조율'하는 데 관심이 있었다. 그런 목적 때문에 쉐이퍼는 보존해야 할 가치 있는 소리들을 조사하고 녹음해 음반으로 발표했으며, 소음 규제에 관련된 활동에 참여했다. 그렇지만 궁극적으로 쉐이퍼는 사운드스케이프를 지구라는 거대한 연주회장에서 펼쳐지는 음악 작품으로 생각했다.

세계의 사운드스케이프를 우리들 주위에서만이 아니라 도처에서 전개되어 가는 거대한 음악 작품이라고 보는 것이 가장 좋은 방법이다. 우리들은 그 음악의 청중이면서 연주자이고, 또 작곡가이기도 하다. 어떤 소리를 보존하고, 어떤 소리를 장려하고, 어린 소리를 증식시키고 싶은 것인가? 이것을 알 수 있다면, 지루한 소리나 파괴적인 소리도 분명해지고, 그것들을 배제하지 않으면 안 되는 이유도 알게 될 것이다. 음환경을 이렇게 종합적으로 이해하고 나서야 비로소, 세계의 사운드스케이프 편곡을 개선하는 수단을 얻을 수 있기 때문이다. 사운드스케이프 디자인은 단지 음향 기술자를 위한 문제만은 아니다. 그것은 많은 사람들의 활력을 필요로 하는 일이다. 전문가, 아마추어, 젊은이, 좋은 귀를 가진 사람이라면 누구라도. 이 우주의 콘서트는 언제나 연주 중이며, 연주회장의 좌석은 비어 있기 때문이다.♬♬

여기에서 사운드스케이프 디자인, 또는 사운드스케이프 작곡이라는 개념이 도출된다. 이 개념은 단순히 정숙한 실내 환경 디자인이나 소음 규제하고는 또 다른 차원에 다다른다. 실제로 사운드스케이프 사상은 단순히 악음을 확장하는 데 머물지 않고 '지구하고 함께 소리를 조율하는' 독특한 접근법으로서 새로운 음악이 탄생하는 데 영향을 미쳤다.

쉐이퍼는 1980년대 말부터 자연환경과 인간이 만드는 소리의 조화를 실험하는 다양한 작품을 발표했다. 1981년에 발표

♪　머레이 쉐이퍼, 《사운드스케이프》, 한명호.오양기 옮김, 그물코, 1994, 204쪽 (Murray Schafer, *The Tuning of the World: The Soundscape*, New York: Alfred A. Knopf, 1977).

♬　머레이 쉐이퍼, 앞의 책, 314~315쪽.

한 〈별의 여왕〉은 캐나다 토론토에서 40분 거리에 있는 호수 위에서 공연했는데, 호수 주변에 관악기와 타악기, 보컬을 배치하고 카누를 탄 배우들이 물 위에서 연주하는 소리를 감상하는 오페라 작품이었다. 쉐이퍼는 이 작품에서 '호수 주변의 반향 효과, 숲속 나무의 종류나 밀도에 따른 잔향 시간, 바람이나 기온 등의 공기 상태' 등을 고려한 섬세한 작곡을 시도했다.

이런 접근은 당연히 많은 예술가에게 영감을 줬다. 앙헬리카 네그론(Angélica Negrón)은 2017년 뉴욕 식물원에서 숲의 소리와 사람의 합창 소리, 전자음을 결합한 〈숲의 합창(Chorus of the Forest)〉를 공연했다. 관객들은 숲을 걸으며 자연과 인간이 함께 만드는 다양한 청각적 경험을 할 수 있었다. 오늘날 음악가들은 다양한 악음을 재료로 얻을 뿐 아니라 그 악음을 지구라는 맥락에서 편곡하고 조율할 방법까지 고민하고 있다.

전자 음악과 기술의 대중화

마지막으로 다룰 주제는 전자 음악과 기술의 관계다. 악음과 음색의 확장이라는 맥락에서 전자 음악이 거둔 성취는 어마어마하다. 앞서 말한 대로 우리는 구체 음악 덕분에 주변에 있는 모든 소리를 음악적 재료로 바라보게 됐다. 구체 음악도 녹음 기술과 테이프 편집, 조작과 재생을 활용한 전자 음악이다. 그러나 구체 음악하고는 또 다른 방향이 있다. 전기적 소리 합성이라는 세계다.

소리는 파동이고, 파동은 전기적 장치를 활용해 발생시킬 수도 있다. 19세기 후반부터 발전한 소리를 분해하고 합성하는 기술은 1950년대에 이르러 음악적 실험으로 꽃을 피웠다. 1950년대 독일 쾰른에 있는 전자 음악 스튜디오에서는 배음이 없는 정현파(sine wave)를 시작점으로 하는 다양한 실험들이 진행됐다. 프랑스의 구체 음악이 이미 있는 소리에서 시작했다면, 독일에서는 전기 신호에 따라 일정한 진동을 만드는 발진기(oscillator)의 가장 단순한 소리에서 출발해 논리적이고 수학적인 접근으로 음악을 확장시켰다. 이 시기에 전자 음악은 일종의 연구 활동이었고, 그래서 초기 쾰른 스튜디오에서 활동한 슈톡하우젠은 전자 음악 작품에 '연구 1(Studie I)'이나 '연구 2(Studie II)' 같은 이름을 붙였다.

소리를 분석하고 합성하는 기술은 지난 반세기 동안 비약적으로 발전했다. 그 결과 오늘날 전자 음악은 세상에 존재하는

♪   토리고에 게이코, 앞의 책, 66.

'원래 소리를 거의 완벽하게 흉내' 낼 수 있게 됐고, 더 나아가 그런 소리를 '변형시켜 세상에 전혀 없던 소리를 창조'할 수 있게 됐다. 전자 음악과 소리 합성이 발전한 역사는 그것 자체로 많은 지면을 할애해야 할 풍요로운 주제이지만, 여기에서는 '만들어 낼 수 있는 소리의 가능성이 엄청나게 증가했다'는 정도로 마무리하자. 전자 음악 기술이 발전한 사실 자체가 아니라 발전된 기술이 대중화되면서 발생한 효과를 더 강조하고 싶기 때문이다.

전자 음악이 열어젖힌 무한한 소리 세계는 고도로 숙련된 아카데미 내부에서 전승된 음렬 음악하고 다르게 대중적으로 상당한 파급력을 발휘했다. 전자 음악이 발 딛고 선 기술이 빠른 속도로 보급된 때문이었다. 1950년대 소리 합성에 사용된 신시사이저와 전기 장치는 엄청나게 크고 비쌌다. 1958년 컬럼비아-프린스턴 전자음악센터에 기증된 신시사이저 '아르시에이 마크 2(RCA Mark II)'는 스튜디오 한쪽 면을 가득 채우는 벽장만 했다. 독일이나 프랑스의 전자 음악이 국영 방송국을 중심으로 발전한 이유도 일반인이 그런 장비를 보유할 여력이 없기 때문이었다.

기술 발전은 이런 장벽을 점차 낮췄다. 1971년 무그(Moog)에서 출시한 신시사이저 미니 무그(Mini Moog)는 그런 면에서 상징적인 악기다. 지금 기준으로 보면 그렇게 작지는 않지만, 벽장만 하던 악기가 혼자서 들고 다닐 수 있을 정도로 줄어들었다. 그 뒤 전자 악기는 꾸준히 작아지고 값도 싸졌다. 컴퓨터와 디지털 오디오 워크스테이션(Digital Audio Workstation)이 발전한 사실도 빼놓을 수 없다. 오늘날에는 노트북 컴퓨터 한 대와 소프트웨어만 있으면 온갖 종류의 복잡한 소리를 합성할 수 있다. 크기와 비용 말고 사용법이 아주 쉬워진 점도 대중화를 앞당긴 중요 요인이다. 기술적 측면만 말하자면 오늘날 구체 음악 작품을 만드는 과정은 말도 안 되게 쉽다. 자기 테이프를 가위로 자르고 오려 붙이는 정밀한 노동은 마우스 클릭 몇 번으로 끝나며, 그만큼 많은 사람을 창작의 세계로 끌어들이는 구실을 했다.

진입 문턱이 낮아지면서 전자 음악은 대학에 몸담은 연구자뿐 아니라 대중음악 음악가와 아마추어 음악가들에게 빠르게 퍼졌다. 1960년대부터 신시사이저를 이용한 대중음악이 폭발적으로 늘어났으며, 전자적으로 합성한 어떤 음색들은 시대적 향수를 불러일으키는 상징이 되기도 했다. 전기적 소리 변조라는 측면을 조금 더 넓게 보면 록 음악에서 디스토션을 만들어 내는 앰프와 많은 이펙터 페달들도 대중화된

♩ 김진호, 앞의 책, 308쪽.

전자 악기라 할 수 있다. 앰프의 굉음과 찌그러진 기타 소리도 시대적 상징이 됐다. 사람들은 그렇게 전기적으로 생성되고 변조된 소리에 익숙해졌으며, 기계 장치를 거쳐 새롭게 탄생하는 음색에 열광했다.' 전자 음악의 세계를 탐험하는 열정에서는 아마추어 음악가들도 뒤지지 않는다. 복잡한 신시사이저 회로를 조각조각 낸 뒤 창의적으로 결합해 소리를 만드는 모듈러 신시사이저는 오늘날 세계적으로 상당한 마니아층을 형성하고 있다. 구체 음악과 사운드스케이프 분야에서 작곡 활동을 하면서 개인적으로 음원을 발표하는 일반인도 꽤 많다.

전자 음악이 발전하고 기술이 대중화하면서 우리는 엄청나게 확장된 음색의 세계에서 살게 됐다. 실제로 음색은 오늘날 여러 음악가가 붙잡고 있는 화두다. 밴드 음악을 좋아하는 사람이라면 기타의 톤이 어쩌니 드럼의 댐핑이 어쩌니 하는 말을 들은 적 있을 듯하다. 모두 음색에 관한 이야기다. 대중음악의 주된 경향도 코드 진행을 최대한 간단하게 하고 기억에 남을 만한 강렬한 음색을 만드는 데 집중한다. 한 번 들으면 잊기 힘든 독특한 목소리, 쾌감을 주는 신선한 사운드. 이런 요소가 흥행 필수 요소로 됐다. 여기에서 구체적으로 이야기하지는 않았지만, 기악 음악도 전자 음악하고 상호 작용하면서 음색이 증가했다. 소리의 스펙트럼을 과학적으로 분석하면서 기악적 소리 합성이나 기악적 구체 음악, 스펙트럼 음악 같은 시도들이 등장하고 새로운 연주법도 개발됐다. 이런 유산은 오늘날 현대 음악과 즉흥 음악 연주자들에게 계승되고 있다.

무엇을 들을 것인가

지금까지 악음의 확장이라는 맥락에서 서양 음악사를 관통하는 몇몇 장면을 살펴봤다. 고전 음악이 구축한 공고한 조성 음악 체계는 지난 세기 동안 숱한 도전에 직면했고 그 결과 무수히 많은 음악적 가능성이 생겨났다. 오늘날 음악가들은 어느 때보다 많은 소리 재료들을 손에 쥐고 있으며, 그런 재료를 사용할 다양한 기법을 안다. 새로운 발견은 새로운 사유로 이어진다. 음악가들은 아름다운 멜로디나 화성적 치밀함 말고도 고민해야 할 요소가 많아졌다. 실제로 인터뷰하면서 만난 음악가 중 화성학에 관련된 고민이 화두인 사람은 없었다. 소리에서 무엇을 중요하게 생각하는지를 물으면

♪　1960년대 이후 대중음악가들도 다양한 전자 장비를 활용하며 새로운 음색을 개척했다. 배음열을 활용한 스펙트럼 음악을 남긴 프랑스 작곡가 트리스탄 뮤라이(Tristan Murail)는 이렇게 말했다. "음색의 세계에서 우리는 슈톡하우젠보다 핑크 플로이드(Pink Floyd)에게 더 많은 빚을 지고 있다"(*Tristan Murail/1980/La révolution des sons complexes/Darmstädter Beiträge zur Neuen Musique*/XVIII. 김진호, 2014, 앞의 책, 351쪽 각주 3 재인용).

톤, 울림, '퀄리티', 솔직함, 깨끗함 같은 단어를 꺼냈다. 모두 음색이나 음 너머에 관한 이야기다.

—

이상으로 세상이 셀 수 없는 소리로 가득 차게 된 이야기를 마친다. 너무나 많아진 음악과 소리 앞에서 내가 느낀 피로감이 조금은 설명되기를 바랄 뿐이다.

이 글에서 다룬 여러 음악적 시도는 실제로 오늘날 우리의 청각 경험을 조건 짓는 중요한 배경이다. 음열 음악이나 구체 음악의 역사를 알고 있거나 대표 작품을 들은 경험이 있는지에 상관없이 우리는 거기에서 파생된 음악적 유산이 미치는 영향 속에 살고 있다. 1913년 빈에서 열린 쇤베르크의 연주회에서 무조 음악을 처음 들은 관객들은 야유를 퍼붓고 욕설을 하면서 공연을 중지시켰다. 그만큼 관습적 인식 체계와 강력하게 충돌하는 경험이었기 때문이다. 그렇지만 오늘날 그런 관객은 더는 없다. 그런 음악을 연주하는 곳은 애초에 특정 장소로 분리돼 있으며, 우연히 그런 음악을 접하더라도 지루한 감흥을 드러낼 뿐이다. "아, 내가 관심 없는 난해한 현대 음악이구나." 우리 귀는 이미 너무 많은 소리를 들어 왔다.

음악가들도 마찬가지다. 오늘날 작곡가는 세계를 뒤집을 야망을 품고 작곡하지 않는다. 에드가르 바레즈(Edgard Varése)는 루솔로의 음악을 '삶에 대한 맹목적 모방'이라고 비판했으며, 불레즈는 스승인 셰페르의 구체 음악을 '음향들의 쓰레기'라고 원색적으로 비난했다.[♪] 반면 오늘날 음악가들은 말을 아낀다. 비난과 논쟁을 하기보다는 그냥 다른 음악을 듣지 않는 선택을 하기도 한다. 물론 시대적 지평이 바뀐 탓도 있다. 18세부터 20세기까지 음악사를 추동한 원동력은 '그전에는 없었던 새로운 것 딱 하나만 있어서 다른 것과는 구별되는' 독자적인 것을 향한 추구였다.[♪♪] 인식의 전환을 일으키며 음악의 세계를 확장한 쇤베르크나 셰페르도 사실 모두 독자성을 추구하며 음악사적 진보를 꿈꾼 음악가다. 그렇지만 오늘날 우리의 세계는 그런 단선적 진보의 결과로 존재하지 않는다. 모차르트의 음악은 틀리고 전자 음악이 옳다고 주장할 사람은 거의 없다. 현대의 오케스트라는 베토벤과 쇤베르크, 리게티의 음악을 모두 연주한다. 국립국악원 단원으로 활동하면서 저녁에는 전자 음악

♪　김진호, 〈Sound Forge 기반 컴퓨터 음악 작곡 전략에 대한 연구〉, 《낭만음악》 제20집 제2호, 2008, 59~93쪽.

♪♪　오희숙, 《음악이 멈춘 순간 진짜 음악이 시작된다》, 21세기북스, 2021, 236쪽.

연주자로 활동하는 사람이 있을 수도 있다. 오늘날 우리는 비동시대적 요소들의 동시대적 공존을 온몸으로 겪으며 살아간다.

더 많은 음향적 경험이 필요하다고 주장한 루솔로가 지금 세상을 바라보면 어떤 생각을 할까? 마침내 숱한 소음을 정복한 음악가들을 보며 기뻐할 수 있을까? 노이즈 캔슬링 이어폰으로 듣기 싫은 소리를 차단하고, 알고리즘 추천으로 듣고 싶은 음악만 듣는 세상에서 음악가는 어떤 소리를 낼 수 있을까?

원로 작곡가 이건용은 음악적 경험 능력이란 '자신을 조건 지어준 관습을 반성할 줄 아는 능력'이라고 말하면서 그런 능력이 곧 음악이 줄 수 있는 '자유'라고 이야기한다.[ ] 관습에 관한 반성은 내가 어디에 서 있는지 아는 데에서 시작한다. 본래 청각은 고대부터 '생존에 필요한 식량을 찾고 주변의 여건을 파악'하며 숱한 종하고 함께 살아가는 '우리 주변의 이야기를 인식'하는 창조적 감각이었다.[ ] 공동체를 유지하고 돌보는 청각은 감각적 쾌락보다 훨씬 중요한 가치를 지닌다. 고도화된 청각적 경험이자 실천이라 할 수 있는 음악의 가치 또한 마찬가지다. "(음악은) 피곤함에 쩐 우리를 치유할 수 있지만 진정한 힐링은 우리가 처한 상황을 제대로 인지하는 것에서부터 출발한다."[ ] 그래서 우리는 어떤 소리를 낼지 고민하기 전에 먼저 잘 들어야 한다.

이어지는 인터뷰들이 나와 우리의 상황을 인지하는 듣기의 출발점이 되기를 바란다.

♪　이건용, 〈음악윤리학〉, 《음악학》 1집, 한국음악학회, 1988, 39쪽.

♪♪　데이비드 조지 해스컬, 《야생의 치유하는 소리》, 노승영 옮김, 에이도스, 2023, 539쪽.

♪♪♪　김진호, 《모차르트 호모 사피엔스》, 갈무리, 2017, 674쪽.

하임(haihm)

소리를 고르는 출발부터
고유한 색깔이 드러난다

어린 시절부터 클래식 피아노를 공부했고, 오스트리아 잘츠부르크 모차르테움 국립 음악대학교 피아노 연주자 과정을 수료했다. 2004년부터 전자 음악으로 전향해 2008년 정규 1집 《haihm》을 발표했고, 그 뒤 윤상, 아이유, 가인, 스윗소로우 등 여러 케이팝 아티스트 음반에 참여해 작곡, 편곡, 리믹스, 믹싱 작업을 했다. 2014년 독립 레이블 '마이어 레코드(Miah Records)'를 세워 이피 음반 《Point 9》를 발매했고, 2016년 3월 미국 텍사스 주 오스틴에서 열린 '사우스 바이 사우스웨스트(SXSW)'에서 공연했다. 2019년 국악인 김보라와 재즈 베이시스트 이원술하고 함께 트리오 밴드 프로젝트 신노이(SINNOI)를 꾸려 《THE NEW PATH》를 발표했다. 2017년부터 안무가 차진엽하고 함께 〈미인:MIIN〉, 〈몽유도원무〉, 〈원형하는 몸〉, 〈백조의 잠수〉 등 여러 작품을 함께했으며, 다양한 공연 예술 장르에서 음악감독으로 활동하고 있다. 2021년 정규 2집 《NOWHERE》를 발표했다. 글리치와 앰비언트적 성향을 띤 정갈한 소리를 만들고 있다

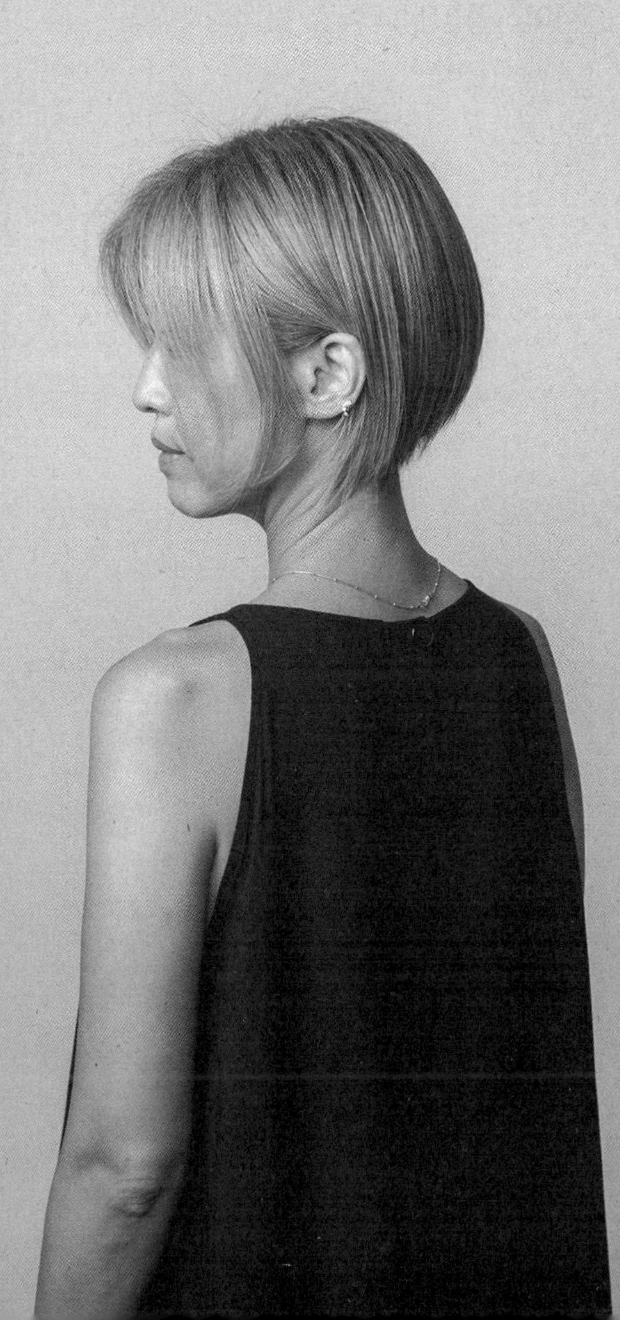

첫 질문은 어릴 적 사운드스케이프에 관한 물음이다. 어떤 소리를 듣고 자랐나?

어릴 때부터 음악을 전공하면서 다양한 음악을 접할 수 있는 환경이었다. 중학교 때부터 대학교 때까지 예술 학교에서 자주 공연을 보고 친구들이랑 합주하는 과정에서 음계와 화성학 구조가 자연스럽게 익숙해졌다. 그러다 보면 자기도 모르게 음정(interval)에 대한 감각을 명확히 알고 인지하게 된다. 꼭 예술 학교를 다니지 않더라도 어릴 때부터 좋아하는 음악을 깊이 찾아 들은 사람들도 비슷할 거라고 생각한다. 그저 음악을 듣는 행위만으로도 체험으로 알게 되는 것들이 있고, 그런 경험이 소중한 자산이 된다.

그렇게 경험한 음악 환경을 좀더 구체적으로 말하면 서양 고전음악 교육인가?

관련이 없지는 않을 것이다. 그런데 사실 아버지께서도 음악을 하셔서 학교에 들어가기 전부터 여러 음악에 노출되어 있었다. 어디를 가도 아버지가 음악을 틀어 놓으셨고, 어머니도 노래를 즐겨 하셨다. 내가 피아노를 연주하기는 했지만, 중학교나 고등학교 때는 친구들끼리 서로 좋아하는 음악을 엠피스리에 담아서 들려주기도 하면서 고전 음악이 아닌 여러 음악도 들었다. 그때 메탈리카(Metallica)가 한창 유행했다. 개인적으로는 일본 아이돌 음악도 많이 들었다.

피아노는 언제 처음 배웠나?

어릴 때 가볍게 쳐 보기만 하다가 6학년 정도에 레슨 선생님께
서 피아노를 전공할 수 있는 학교를 권유해 주셨다. 1년 동
안 열심히 준비해서 합격했다.

**그 뒤 오스트리아로 유학을 떠났다. 여러 인터뷰에서 유학 시절
이야기를 종종 했는데, 연습하면서 음악이 정말 좋다고 느
낀 순간들이 있다는 이야기가 인상적이었다.**

감수성이 굉장히 예민하고 풍부한 시절에 타국에 있다는 외로
움을 느꼈다. 그러다 어느 날 피아노를 치면서 이게 참 아름
다운 음악이라는 걸 절실히 느꼈다. 기억나는 순간 중 하나
가 밤에 잘 준비를 하면서 라디오를 트는데 피아노 협주곡
이 나왔다. 아주 유명한 모리스 라벨(Maurice Ravel)의 피
아노 협주곡(《Piano Concerto in G Major. 2nd: Adagio
assai》)이었는데, 서정적인 멜로디를 들으면서 아름다워
눈물이 났다.

물론 그 곡은 지금도 참 좋아하지만, 그때 여러 가지가 딱 맞아
떨어져 감동적인 순간으로 남아 있다. 그 시절 기억 중에 선
생님이 가장 많이 말씀하신 게 소리를 내는 방법, 팔과 몸을

어떻게 써서 소리를 내야 하는지, 의도하는 소리를 먼저 인지하고 건반을 만지는 방법 등이었는데, 그런 생각을 하면서 연습하다 보면 간혹 정말 아름다운 소리를 찾게 된다. 음악도 음악이지만……그 순간이 소리에 근원적 관심을 갖게 된 계기가 아닐까 싶다.

그런 순간을 최근에도 느낀 적이 있나?

30대 초반까지는 있었다. 1980년대 아트록 그룹 이니드(The Enid)의 〈브라이트 스타(Bright Star)〉를 들었는데, 눈물이 날 뻔했다.

유학 도중에 피아노에서 대중음악, 전자 음악으로 방향을 바꿨다. 사실 서양의 클래식은 어느 시점에서 전자 음악을 만나게 되는데, 그런 영향도 있었나?

꼭 그런 이유는 아니다. 우선 유학 시절에 나는 소리 자체의 아름다움에 대해서 깊이 느끼고 있었다. 그러던 시점에 윤상의 음악을 들었다. 그때 들은 음악에서 내가 생각하던 드럼 세트의 킥과 스네어 소리가 다른 소리들로 대체돼 있었는데, 그게 너무 좋았다. 아, 이런 식으로 할 수도 있구나. 클래식과 전자 음악의 접점에 대해서는 오히려 한참 후에 느끼게 됐다. 글리치(glich)'나 아이디엠(IDM)'' 같은 음악에 한창 빠져 있던 어느 날 오랜만에 드뷔시(Claude Debussy)를 들었는데, 전자 음악의 구조랑 굉장히 비슷하다고 느껴졌다.

드뷔시의 음악은 브라질의 조빙(Antônio Carlos Jobim) 같은 인물에게도 큰 영향을 준걸로 안다. 윤상 역시 소문난 브라질 음악 애호가다. 개인적으로 하임의 초기 음악을 들으면서 조빙의 음악처럼 화성과 멜로디가 세련된 전자 음악이라는 느낌을 받았다. 요즘에는 점점 미니멀하고 글리치적인 스타일로 변하기 시작했는데, 어떤 계기가 있었나?

사실 첫 데모를 윤상 씨에게 들려줬다. 그러다 만나서 같이 작업을 하게 됐고, 많은 영향을 받았다. 서로 취향이 아주 비슷하다 보니까 무슨 작업을 해도 정말 좋았다. 그런 인연으로 전자 음악 스타일의 가요 작업도 하고 솔로 앨범도 발표하게 됐다. 그러다가 점점 변화를 해야겠다고 생각이 드는 시점 찾아왔다. 돈을 벌기 위해 하는 일이 많아지면서 개인 작업에 쏟을 에너지도 부족했는데, 더 늦기 전에 내가 하고

♪　글리치는 아주 짧은 순간에 발생하는 오류를 말한다. 글리치 음악은 이런 오류에서 발생하는 소리를 의도적으로 활용하는 전자 음악의 하위 장르다.

♬　'Intelligent Dance Music'의 준말로 90년대 중후반에 전성기를 누린 일렉트로니카 장르다. 추상적이고 복잡한 사운드가 특징이다.

싶은 음악을 해봐야겠다는 생각이 들었다.

요즘 하임의 음악은 글리치적인 면과 앰비언트(ambient)[1]적인 면이 모두 느껴진다. 장르적으로 보면 아주 다른 느낌일 수 있는데, 어떤 스타일에 매력을 느끼는가?

나는 그냥 피아노 치는 사람이라서 처음 시작할 때는 정말 아무것도 모르고 시작해서 하나씩 취향을 찾아가는 과정이었다. 사실 클래식과 전자 음악, 구체 음악[2]이나 테이프 뮤직[3] 같은 것도 나중에 알게 됐다. 그렇게 하나씩 찾아가다 보니 다양한 스타일이 섞이게 된 것 같다. 어릴 때부터 좋아한 화성적인 풍부함에 매료돼서 브라질 음악을 좋아한 시기가 있었고, 한편으로는 일본 아이돌 음악처럼 시퀀싱[4]이 된 댄스 음악에도 호기심이 있었다. 그렇게 파고들다 보니 글리치에도 관심이 생겼고, 점점 취향이 깊어졌다.

그 시기에 영향 받은 음악을 간단하게 이야기해 줄 수 있나?

2000년대 초반, 아이디엠과 글리치가 새롭게 쏟아져 나오던 때 유럽의 전자음악을 많이 들었다. 프랑크 브레트슈나이더(Frank Bretschneider), 테일러 듀프리(Taylor Deupree), 알바 노토(Alva Noto) 등의 음악들. 또 류이치 사카모토(Ryuichi Sakamoto)와 옐로 매직 오케스트라(YMO)의 멤버로 활동한 하루오미 호소노(Haruomi Hosono)와 유키히로 다카하시(Yukihiro Takahashi)가 함께한 팀인 스케치 쇼(Sketch Show)의 앨범들도 좋아했다.

2022년에 발표한 음반 《Nowhere》에서는 굉장히 작은 단위의 진동에 관심을 갖고 있다는 느낌을 받았다. 화성과 멜로디에서 시작한 음악의 여정이 소리의 알갱이로 이동하는 것처럼 느껴진다. 그 음반을 발표한 뒤 소셜 네트워크 서비스(SNS)에서 '소리가 알맞은 곳에 있다'는 이야기를 하기도 했다. 지금 하는 작업에서 중요하게 생각하는 사운드는 무

♪　음악 장르로서 앰비언트는 최소 구성 요소를 사용해 공간감을 주면서 주변 환경에 조화하는 음악을 추구한다. 영국 음악가 브라이언 이노(Brian Eno)가 1978년에 발표한 〈앰비언트 1(Ambient 1: Music for Airport)〉을 앰비언트 음악의 시작으로 보는 견해가 많다.

♪♪　초기 전자 음악의 한 형태로 프랑스 음악가 피에르 셰페르가 1948년에 제시한 개념이다. 동물 울음소리, 기차 소리, 사람 목소리 등 구체적인 소리를 테이프에 녹음한 뒤 기계 장치를 이용해 변형시켜 음악을 만든다. 〈철도 연습곡(Etude aux chemins de fer)〉이 대표적이다.

♪♪♪　테이프에 녹음된 소리를 조작해 만드는 모든 종류의 음악을 말한다. 영미권에서는 구체 음악의 번역어로 쓰기도 한다. 기업은 비슷하지만 테이프가 아니라 디지털 오디오 파일을 활용할 때는 픽스드 미디어(Fixed Media)라는 용어를 쓰기도 한다.

♪♪♪♪　시퀀서(Sequencer)는 음악 데이터를 녹음하고 편집하고 재생하는 기능을 갖춘 프로그램이다. 하드웨어 시퀀서도 있지만 요즘에는 대부분 컴퓨터에서 작동하는 디지털 오디오 워크스테이션(DAW)을 쓴다. 시퀀싱된 음악이란 보통 컴퓨터로 정교하게 프로그래밍한 음악을 가리킨다.

엇인가?

나라는 사람이 점점 심플하게 바뀌고 있는 것 같다. 가끔 2014년에 낸 앨범을 다시 들어보면 숨이 막힐 때가 있다. 나는 음악이 그 당시의 심리 상태를 나타낸다고 생각하는데, 그때는 정말 이제 내 거를 해야겠고 뭔가 파격적인 사운드에 욕심을 내다 보니 지금 들어보면 숨을 쉴 틈이 없다.

중요한 변화로 《Nowhere》를 발표하기 몇 년 전부터 차진엽 씨를 만나서 무용 음악을 시작하게 됐다. 무용 음악에도 물론 리듬이 들어가고 액티브한 분위기가 만들어지기도 하지만, 더 중요하게는 흘러가는 배경이 돼야 한다. 음악보다 동작이 돋보여야 한다. 그전까지는 음악을 만들 때 음악이 주인공이니까 뭔가 변화를 줘야 한다는 강박이 있었다. 그러다 무용을 만나면서 조금씩 적응이 됐고, 음악에 힘을 빼게됐다.

음악이 주인공이 아니어도 되고, 그냥 놔두면 여기서 변화들이 일어나는 거다. 무용 작업을 통해 많은 연습이 됐다. 차진엽 씨하고는 작업 면에서 정말 잘 통한다. 내가 마침 그런 고민을 할 때 그런 음악을 필요로 하는 작업자를 만나서 겪은 또한 번의 변화가 《Nowhere》로 이어졌다.

그런 종류의 음악을 대하는 편견도 있다. 몇 개의 소리를 몇 십

분씩 길게 가져가니까 너무 쉽게 만든 거 아닌가 오해를 받기도 하고, 요즘에는 페달 하나만 누르면 바로 앰비언트 뮤직이 만들어지는 제품도 나오고 있다. 미니멀한 접근을 할수록 여기서 내 음악이 가진 고유성이 무엇인지 고민이 많을 것 같다.

그 고민을 첫 앨범 낼 때부터 많이 했다. 나 같은 경우는 아티스트가 자기가 가장 좋아하는 소리를 고르는 출발부터 그 사람의 고유한 색깔이 드러나는 거라고 생각한다. 멜로디나 화성적인 진행을 만드는 작업이 아니고 말 그대로 사운드를 중요시하는 작업이 되면 될수록 음악가의 취향이 극명하게 드러날 수 있다고 생각한다. 가끔 나를 잘 아는 친구들이랑 협업하게 되면 나한테 항상 자기가 좋아할 법한 소리를 고른다고 얘기한다. 그런 호불호가 확실한 편이다.

좋아하는 소리를 좀더 설명해 줄 수 있나?

사인파 소리를 좋아한다. 내가 좋아하는 소리는 대체로 거기에서 파생된 소리다.

♪　삼각 함수 사인 곡선 모양을 한 파형으로, 정현파라고 부르기도 한다. 배음이 없는 순수한 소리로, 세상에 있는 모든 파형을 사인파들의 합으로 분해할 수 있다는 푸리에 변환의 기본이 되는 파형이다.

**사인파는 배음이 없는 깔끔한 소리다. 하임의 성정하고도 연결
된 걸까?**

어느 정도 맞는 것 같다.

**혹시 사인파를 만들어 내는 오실레이터(발진기)[*] 중에 선호하
는 것이 있나? 전자 음악 하는 사람 중에서도 특정 시기에
만든 특정 장비를 중요하게 생각하는 사람이 있는 반면 컴
퓨터와 프로그램만으로 끝내는 사람도 있다. 음악 만드는
툴에 관한 질문이다.**

특별히 선호하는 오실레이터가 있지는 않다. 예를 들어 나는 이
런 타입이다. 어떤 악기를 사면 매뉴얼부터 읽는 사람이 있
는데, 나는 우선 프리셋[**]부터 막 들어 본다. 그러다 마음에
드는 소리가 있으면 곡을 쓰기 시작한다. 전자 음악을 하지
만 전자 음악의 기원과 초기 환경에 의미를 두기보다는 계
속 곡을 쓰는 데 집중하는 쪽이다. 프리셋에서도 조정할 수
있는 여지가 정말 많아서 마음에 드는 소리에서 출발해 수
정하는 방식을 주로 쓴다. 디지털 오디오 워크스테이션은
에이블톤(Ableton),[***] 악기 중에는 리액터(Reaktor)[****]를
제일 많이 쓰는 것 같다.

개인적인 궁금증인데 피아노를 비롯해 어쿠스틱 악기를 연주할

때는 악기에 연결된 연주자의 신체가 중요하지 않은가? 호흡이나 자세에 따라 소리가 달라지기도 한다. 전자 악기를 다룰 때도 그런 관점이 적용될 수 있을까?

몸의 자세로 설명할 수는 없지만 에너지 상태하고는 관계가 있는 것 같다. 그때 내가 가지고 있는 정서와 기분에 좌우되는 것 같다. 어떤 때는 이 소리를 내가 어떻게 만들었을까 싶어서 똑같이 만들어 보려 해도 다시는 못 만드는 소리가 있다.

전자 음악은 기술의 진보에 밀접하게 연결돼 있고 그런 쪽으로 전문가도 많다. 새로운 기술이 등장하는 데 관심을 가지고 흐름을 따라가려 노력하는가?

필요한 범위 안에서 공부를 하기는 해야 한다. 여러 가지 툴을 쓰는 사람을 보면 나도 호기심이 생긴다. 하지만 아직까지는 음악을 만드는 게 가장 재미있는 것 같다. 새로운 기술을

♩　전기적 진동을 통해 주기적인 파형을 생성해 내는 장치. 신시사이저의 소리를 만들어 내는 가장 기본적인 부품 또는 회로를 말한다. 아날로그 방식과 디지털 방식이 있다.

♩♩　전자 악기나 장비, 소프트웨어 따위에 미리 설치된 소리나 프로그램을 통틀어 이르는 말이다.

♩♩♩　독일 에이블톤사에서 개발한 디지털 오디오 워크스테이션(DAW)이다. 정확한 이름은 '라이브(Live)'인데, 흔히 '에이블톤 라이브'라고 불린다.

♩♩♩♩　독일 네이티브 인스트루먼츠(Native Instruments)사에서 만든 소프트웨어 신시사이저를 말한다.

이용해서 또 다른 영역으로 나아갈 수 있는 부분이 있기 때문에 공부는 필요하다고 생각하지만, 요즘 뭐가 좋고 사람들이 많이 쓴다고 무조건 따라가려고 하지는 않는다.

라이브 공연 이야기를 해보자. 음악을 만드는 과정과 그 음악을 라이브로 연주하는 일은 또 다르다. 라이브 퍼포먼스를 할 때는 어떤 준비를 하나?

라이브에서 내가 건반을 치지는 않기 때문에 고민이 있기는 하다. 그동안은 준비한 클립들을 믹스하는 식이었는데, 얼마 전부터 모듈러(Modular) 사용도 고민하고 있다.

무용 작업을 할 때 컴퓨터 앞에서는 어떤 일을 하는가?

실시간으로 에디팅을 할 때도 있다. 그런데 무용 공연에서는 약속이 필요한 지점들이 있어서 주로 큐에 맞춰서 음악을 트는 일을 한다.

요즘은 전자 음악을 하면서 오디오 비주얼을 함께하는 사람들이 많다. 어쩌면 전자 음악으로 무대 위에서 보여 줄 수 있는 퍼포먼스를 고민하다가 영상에 많이 의존하게 된 게 아닌가 하는 생각도 든다. 개인적으로는 청각보다 시각이 중심이 되는 공연을 경계하는 편인데, 얼마 전 단독 공연에서

영상이 아니라 향을 사용한 점이 인상적이었다.

나도 한때 오디오 비주얼 퍼포먼스를 무척 좋아했고, 그런 걸 잘하는 아티스트를 부러워 했다. 지금은 내 영역은 아니라는 생각이 든다. 물론 잘하는 사람이 많지만, 개인적으로는 시각적인 것이 강할 때는 사람들이 오히려 금방 판단을 내리게 된다는 느낌을 받는다. 내 작업에서는 비주얼을 조금 덜어내고 소리가 좀 더 집중되기를 원한다.

마지막으로 동시대성을 이야기해 볼까 한다. 예술가들은 언제나 동시대성을 요청받는다. 하임은 자기 활동 안에서 컨템퍼러리라는 단어를 어떻게 소화하고 있는가?

얼마 전 무용 피디님이랑 잠깐 이 질문에 관한 이야기를 나눈 적이 있다. 공연을 만들거나, 작품에 대한 해석을 활자화할 때 개념, 의도, 또는 사회적 담론이나 메시지를 내세워야 하는 경우가 있다. 내 경우는 음악을 하면서 생각을 정리하면서 개념을 도출하거나 의도를 정리한 뒤에 음악을 만들지는 않는다. 그분하고 둘이서 이야기를 나누어 보니 내가 되게

♪   모듈러 신서사이저를 말한다. 오실레이터, 필터, 앰프, 시퀀서 등 다양한 모듈을 케이블로 연결해 소리를 만들어 낸다. 어떤 모듈을 어떻게 연결하느냐에 따라서 만들 수 있는 소리가 무궁무진하게 확장된다.

개인적인 사람인 것 같다는 생각이 들었다. 물론 상황과 환경에 영향을 안 받는 건 아니지만 모든 답을 항상 내 안에서 찾은 것 같다.

어릴 때부터 많이 들어 온 음악들이 결국에는 내 안에서 데이터베이스가 되고, 그 안에서 또 내가 좋아하는 것이 생겨나서 카테고리가 만들어진다. 내가 음악을 만들 때 그런 것들이 하나하나 꺼내질 텐데, 나에게는 그것이 동시대성이라는 생각이 든다. 나를 구성하고 있는 많은 것들은 그동안 사람들하고 관계하면서 영향을 받은 것이고, 그동안 내가 들어온 모든 음악들과 함께 당연히 시대적인 영향을 받아서 발생한 것이다.

좋아하는 소리는 이야기했는데, 혹시 싫어하는 소리도 있나?

칠판 긁는 소리가 제일 싫다.

만약 무의식에서 들리는 소리를 수음하는 마이크가 있다면 어떤 소리가 녹음될 것 같은가?

그냥 느낌으로 이야기해도 될까? 슬픈 소리일 것 같다. 개인적인 이야기이기는 한데, 내가 뭔가를 계속 만들고 살아가는 동력이 슬픔인 것 같다. 마음속 깊이 있는 슬픔이라는 감정 덕분에 이렇게 감정적인 일을 하면서 살아갈 수 있는 게 아

닐까 싶다. 슬픔이 가져다주는 굉장히 아름다운 것들이 많

다는 생각도 한다.

박경소

정직한 삶이 고스란히 묻어 있는
솔직한 소리

음악 하는 가족들 덕분에 만 열 살에 가야금을 시작했다. 가야금 명인 김죽파의 이수자인 막내 이모한테 영향을 받아 김죽파류 가야금을 공부했으며, 국립국악중학교와 국립국악고등학교를 거쳐 한국예술종합학교 예술전문사와 서울대학교 박사 과정을 졸업하며 궁중 음악부터 민간 음악, 근현대 음악까지 한국 전통 음악을 깊이 연구했다. 2004년 가야금 앙상블 '아우라'를 결성해 현대 음악 연주자로 데뷔했고, 《이것은 가야금이 아니다》(2012)와 《가장 아름다운 관계》(2015) 등 솔로 앨범을 내며 동시대 음악가로서 가야금의 세계를 부단히 확장해 왔다. 미국의 원비트(OneBeat), 오스트리아의 마크로포니아(MakroPHONIA), 브라질의 세히냐 아트 페스티벌(Serrinha Art Festival) 등 해외 레지던시 프로그램에 참여해 다양한 아티스트들을 만나 교류하기도 했다. 퓨전 재즈 그룹 오리엔탈익스프레스, 크로스오버 쿼텟 신박서클의 멤버로 활동하며 여러 음반을 발표했다. 수림문화상(2014)과 'KBS 국악대상' 현악상(2017)을 받았다.

어린 시절이나 성장 과정에서 어떤 소리를 듣고 자랐는가?

늘 음악을 듣고 자랐다. 아침에 눈을 뜨면 집 안에 음악 소리가 흐르고 있었다. 어머니께서 대개 라디오를 켜놓고 살림을 하셨는데, 지금 생각해 보면 한국방송(KBS) 클래식 에프엠 라디오 같다. 그 음악 소리가 나중에 연주를 하고 작곡을 하는 데 큰 자양분이 됐다. 이미 악기의 소리와 곡의 구소, 음이 어떻게 음에 연결되는지 머릿속에 들어와 있으니까.

몇 살 정도 때 기억인가?

어린 시절 내내 그래서 정확히 말할 수는 없지만, 중학교 때 기숙사에서 생활하기 전까지 쭉 그렇게 음악을 들었다.

실제 악기 소리를 들은 경험은 없었나?

이모가 가야금을 연주하시기는 했지만, 이모는 대구에 사시고 나는 서울에 살아서 자주 보지는 못했다. 물론 가족들이 만나는 자리가 있을 때는 종종 악기를 연주하기는 했다. 가장 많이 들은 건 내가 연주한 피아노와 가야금 소리 같다.

처음 시작한 악기가 피아노라고 알고 있다.

아주 어릴 때라 기억이 잘 안 난다. 한글을 익히기도 전에 시작했으니까 아마 세 살쯤부터 아닐까? 어머니께서 작곡과를 졸업하신 분이다 보니 피아노를 일찍 가르치신 것 같다.

피아노에서 가야금으로 방향을 바꾸게 된 계기가 있다면?

피아노를 엄마한테도 배우고 선생님들한테도 배우다 보니 너무 어려웠고, 못할 때 혼나는 게 무서웠다. 피아노를 그만두겠다고 선언하고 첼로를 배워 봤는데 그것도 어쩐지 내 몸에 맞지 않는 느낌이었다. 어쩌면 칠현 악기가 나랑 안 맞았나 보다. 그 뒤로 이모가 하는 가야금을 배우겠다고 했고, 열 살 때부터 시작해 지금까지 하고 있다.

악기를 상당히 오랫동안 연주했는데, 그러다 보면 어떤 특별한 관계나 관점이 만들어질 것 같다. 악기 연주란 박경소에게 어떤 의미를 지니는가?

서양 악기를 하다가 처음 가야금을 접한 때는 정말 대 충격이었다. 악보대로 연주하는데 예상하는 소리가 나지 않고 다른 소리가 나고 연주할 때마다 음정이 바뀐다. 그런데 나중에는 그런 부분이 흥미롭게 다가왔다. 나에게 악기는 일종의 도피처였고, 악기를 연주한다는 것은 나만의 세상이 생기는 것하고 같다. 결국 연주한다는 행위 자체가 중요하지 어떤 악기냐는 중요하지 않다는 생각을 한다.

산조부터 현대 음악까지 정말 작업을 해왔는데, 신기하게도 현대 음악 트리오 '아우라'로 데뷔하고 뒤늦게 가야금 산조 음반을 발표했다. 어쩌면 전통 음악가에게 낯선 세계라고 할 수 있는 현대 음악 작업에 애정을 느낀 이유가 궁금하다.

가야금을 시작한 뒤로 학교 다니는 동안은 쭉 전통 음악만 했다. 전통 음악은 수련의 음악이라고 할 정도로 오랫동안 계속해야 조금씩 공력이 쌓인다. 반면 현대 음악은 연습하면 하는 대로 즉각적인 결과가 나타나고 그걸 확인할 수 있어서 흥미로웠다. 연습 과정이 어렵기는 한데 어느 순간을 넘어가면 정말 자유로움을 느낄 수 있다. 그래서 좋아한 것 같다.

어릴 적부터 동서양의 다양한 음악 문법을 경험했다. 그런 경험을 바탕으로 만들어진 박경소만의 관점이 있나?

국악 하는 사람들이 상대적으로 화성에 약한 편인데 나는 어릴 때부터 다양한 음악을 많이 들어서 그런지 화성적인 접근이 별로 어렵지 않았다. 이모의 가야금과 내가 피아노로 연습한 바흐 그런 게 다 익숙해서 다양한 음악 문법에서 자유로울 수 있었다. 사실 가장 익숙한 음악은 성당에서 들은 미사 음악이고, 부모님이랑 시골집 내려갈 때는 카펜터스(Carpenters)나 훌리오 이글레시아스(Julio José Iglesias) 같은 옛날 팝송도 많이 들었다. 그러다 보니 동서양을 떠나서 내가 연주해야 하는 음악에서 어떤 역할을 해야 하는지 동물적으로 느껴지는 게 있다.

그중에 특별히 가장 중요하게 생각되는 음악이 있나?

제일 먼저 떠오르는 건 바흐다. 푸가♩나 인벤션♩♩ 같은 수학적인 음악들. 처음 피아노를 배울 때 바흐의 곡을 많이 연습했다. 이상하게 고전 음악 중 모차르트의 곡은 바로 외우기가 어려웠는데, 바흐 곡은 한 번 치자마자 바로 외울 수 있었다.

아우라로 활동하다가 20대 후반에 오스트리아와 미국에서 아티스트 레지던시를 경험했다. 한국에 있을 때하고 다르게 배운 것은 뭔가?

한국에서 클래식부터 현대 음악까지 나름 다양한 음악을 경험해서 어디를 가도 잘할 수 있다는 자신감이 있었다. 그런데 오스트리아에서 처음으로 즉흥 합주를 할 때 내 예상이랑 너무 달랐다. 아무런 악보도 없는 즉흥이고 내 기준에서는 엉망진창인 연주가 나왔는데, 사람들은 굉장히 좋은 시

♩　대위법에 기초한 악곡 형식으로 바로크 시대에 유행했다. 주로 3성부 이상으로 구성한다.

♩♩　바흐가 대위법의 기법과 형식을 설명하려고 작곡한 짧은 연습곡들. 2성부 곡인 〈인벤션〉 15곡과 3성부 곡인 〈신포니아〉 15곡이 있다. 30곡을 모두 합해서 인벤션으로 분류하기도 한다.

작이라며 오히려 좋아했다. 그곳에서 음악을 결과로 생각하지 않고 과정으로 쌓여 가는 관점에 대해서 크게 배웠다. 그 전까지는 어떤 곡을 잘 연주하려는 목표를 가지고 직선으로 연습해 왔다면, 그거 말고 더 큰 세계가 있다는 걸 알게 된 것 같다. 내 음악을 오스트리아 레지던시 전후로 나눌 수 있을 만큼 강렬한 경험이었다.

음악이 과정으로 쌓여 간다는 말을 좀더 자세히 설명해 줄 수 있나?

예를 들어 다양한 나라의 음악가가 만나서 합주하면 정말 다양한 음색이 모이게 된다. 외국인들이 우리 국악기인 생황과 해금의 음색을 모르는 것처럼 우리도 외국 악기의 음색을 잘 모른다. 그 악기를 알고 있었다고 해도 지금 내 앞의 연주자가 어떤 소리를 낼지는 전혀 예상할 수 없다. 그걸 예상하려 하지 말고 그냥 듣고 흘려보내면서 함께 음악을 만들어 나가는 과정에 집중하는 거다.

1집 《이것은 가야금이 아니다》와 2집 《가장 아름다운 관계》의 음악적 방향성이 굉장히 다르게 느껴진다. 2집에서는 뭔가 미국 미니멀리즘 음악의 영향도 느껴진다. 해외 레지던시 경험이 그런 차이를 만들어 낸 걸까?

그렇다. 오스트리아와 미국, 그리고 홀로 외국으로 투어 공연을 다니면서 배우고 느낀 것들이 모두 2집에 담겨 있다. 1집은 그동안 내가 체득한 경험을 토대로 가야금 줄을 직접 튕기면서 만든 음악인데, 어린 시절에 작업한 만큼 단순한 접근법이었다. 2집에서는 나에게 집중했고, 내가 바라보는 세상까지 시선을 확장하게 된 점에서 굉장히 다른 작업이었다.

소리 이야기로 돌아와 보자. 연주와 작곡을 할 때 가장 중요하게 생각하는 소리가 있는지 궁금하다.

음색. 더 구체적으로 말한다면 음색과 거기에 더해지는 기운이다. 둘 다 악보에 표기되는 것이 아니다. 가식적이고 꾸며내는 게 아니라 편안하고 솔직한 나만의 음색을 내려고 한다. 꼭 예쁜 음색을 말하는 게 아니라 그 사람의 정직한 삶이 고스란히 묻어 있는 솔직한 소리다.

곡을 창작할 때는 어떻게 시작하는지 궁금하다. 악보로 작업하는 사람, 컴퓨터로 하는 사람, 사람에 따라 다 다를 텐데, 연주자 정체성을 지닌 사람으로서 창작의 첫 단추는 뭔가?

내가 습관적으로 내던 소리부터 시작한다. 산조를 하기 전에 습관적으로 줄을 고르며 음정을 맞추는데, 그때 손가락의 습관과 패턴에서 음악이 시작되는 것 같다. 컴퓨터로 작업하는 분들은 또 다르겠지만, 악기를 연주하는 사람들은 몸을 움직이는 사람이라 무의식적으로 하게 되는 행위가 있다. 그런데 연습하다 보면 무의식에서 시작하는 지점이 매번 다르다. 무의식적으로 내는 소리가 늘 비슷하면 결국 재미없고 스스로 지루한 음악이 나올 것이다. 그러니까 좋은 곡을 쓰려면 연습도 많이 하고 다양한 경험을 해야 한다.

주로 어떤 연습을 하는가?

라디오 아침 방송 일을 하기 전까지는 매일 아침에 눈을 뜨자마자 산조를 탔다. 그리고 아주 기본적인 것들을 연습한다. 메트로놈 켜두고 박자에 맞춰서 손가락으로 뜯는 소리, 튕기는 소리를 내는 연습이다.

이 인터뷰의 키워드는 동시대성이다. 지금 시대에 존재하는 다양한 비동시대적인 소리들이 어디에서 온 것이고 우리는 그 소리들하고 어떤 관계를 맺고 있는지가 내 관심사다. 박경소가 생각하는 동시대성, 혹은 동시대의 키워드가 있는가?

내게 동시대적인 것은 지금 내가 듣고 있는 음악, 지금 내가 만나는 사람들 이야기, 지금 발생하는 사건과 사고들이다. 지금 나의 동시대적인 키워드라 할 때는 지금 쓰고 있는 논문을 제외하고는 당장 떠오르는 게 없기는 하다. (웃음)

약간 다른 방식으로 질문해 보겠다. 100년 전의 가야금 연주자와 지금의 가야금 연주자는 어떻게 다를까?

옛날에는 선생님의 허락 없이는 아무것도 못 했고, 성별에 따른 한계도 있었을 거다. 지금은 다양한 시도를 하고 용기 있게 소리 낼 수 있는 시대라고 생각한다. 실제로 내가 그렇게 가야금을 하고 있다.

많은 음악가가 오래전에 만들어진 음악 문법과 테크닉을 배우는 데 많은 시간과 정성을 들인다, 자기가 하는 음악에 어떤 시간과 역사가 새겨져 있다는 상상을 한 적 있는가?

늘 상상한다. 특히 산조 연주를 잘할 때면 타임머신을 타고 있는 듯한 기분을 느낀다. 레슨을 해주신 선생님은 그분의 선생님께 어떤 이야기를 들은 걸까 상상하기도 한다. 전통 음악은 스승과 제자 관계로 전승되는 음악이다 보니 내가 지금 배우는 이 소리가 저 멀리 누구에게서 온 걸까 생각한다.

음악가로서 애정을 가진 특정한 시대가 장소가 있나?

어떤 시대나 공간을 특별하게 느끼지는 않는다. 지금 내가 하고 있는 게 최고인 것 같다. (웃음) 국악기를 하기 때문에 이국을 향한 동경이 없는 것일 수도 있다. 다른 악기 연주자들이 특정 시대를 향한 로망을 가지고 있는 게 부러울 때가 있다.

문묘제례악을 테마로 드러머 김책하고 음반을 내기도 했다, 제례악은 산조보다 훨씬 더 오래된 음악인데, 그런 음악을 연주할 때는 어떤 기분인가?

시대를 느낀다는 게 맞는 표현인지 모르지만, 일단 황홀한 느낌이 든다. 보통 솔로 활동을 하고 현대 음악을 하니까 궁중 음악을 연주한 경험이 많지는 않다. 국립국악원 연주자들은 그런 느낌을 매번 받지 않을까 싶다. 그 작업은 뭔가 유교의 맛을 제대로 보여 주자는 포부로 접근했다. (웃음) 어찌 됐건 조선 사회가 유교의 영향을 받은 건 분명하고, 중국 공자의 음악이란 바로 이렇다는 것을 보여 주고 싶었다.

지금 시대에 유교와 공자를 음악으로 이야기한다는 것이 굉장히 비동시대적인 사건처럼 들린다. 박경소의 음악 안에는 유교와 공자가 담겨 있나?

2집 음반 《가장 아름다운 관계》를 준비할 때 한창 《논어》를 읽고 있었다. 《논어》의 기본 개념이 너와 나는 다르지만 모두 화합해야 세상이 만들어진다는 거다. 그런데 그 화합에 가장 중요한 매개체가 음악이다. 거기에서 아름다운 관계가 시작됐다. 지금 시대에서는 유교라는 말이 자기 편할 대로 곡해되는 것 같다. 사자성어로 박제돼 어른은 무조건 공경해야 한다는 식으로 말이다.

박경소가 지닌 음악적 자양분 중에 유교 말고 또 다른 시대에서 온 재료도 있는가?

한때 모노포니(monophony)‘에 푹 빠진 적이 있다. 정말이지 천사의 노랫소리 같다. 집안에 수녀님이 계시기도 하고 성당에서 미사곡을 많이 듣다 보니 종교 음악에 상당히 익숙하다. 2017년에 가야금으로 성가를 연주한 음반을 냈는데, 저작권에 저촉되지 않는 오래된 음악을 선정해 편곡해야 했다. 수녀님들하고 함께 오래된 성가를 찾아 들으면서 작업했는데, 엄청난 역사를 가진 유럽 음악을 한국 전통 악기로 편곡하고 연주한다는 경험이 개인적으로 정말 특별했다.

마지막으로 가상의 질문을 던진다. 박경소가 지금껏 들어온 모든 소리가 기록돼 있고 그것들을 수음할 수 있는 마이크가 있다면 어떤 소리가 녹음될 것 같은가? 그 많은 소리들 중 박경소에게 가장 중요한 소리를 말해 줘도 좋다.

어릴 때 어머니가 틀어 놓은 에프엠 라디오 소리일 것 같다.

♪ 화성이나 대위법적 선율 없이 한 멜로디 성부로 구성된 단성 음악. 대표적으로 중세의 그레고리오 성가가 있다.

이해동

인간은 살아남기 위해서
소리를 사용하기 시작했다

타악기 연주자로 커리어를 시작한 이해동은 세네갈, 말리, 기니 등 서아프리카의 다양한 부족 공동체에서 음악 공부를 하며 원초적인 재료로 된 악기들이 만들어 내는 소리를 계속 탐구해 왔다. 월드 뮤직이라는 타자적 개념을 넘어서 인류가 소리를 내고 발전시킨 역사와 소리를 통한 제의적 활동을 탐구하고 있으며, 이런 활동을 바탕으로 즉흥 음악, 사운드 설치, 퍼포먼스 작업을 선보인다. 2016년 밴드 아이즘(IJM)을 결성해 《칼리 댄스(KALI DANCE)》를 발표했고, 2017년에는 해동성국을 결성해 후각적 요소와 제의적 즉흥 연주를 결합한 음반 《도깨비 플레이(DOKKAEBI PLAY — HaeDong SeoungGuk)》를 발표했다. 최근에는 인류세와 6차 대멸종이라는 키워드를 중심으로 카우벨, 사운드 오브제, 전자 악기들을 활용한 퍼포먼스와 설치 작업을 선보이고 있다.

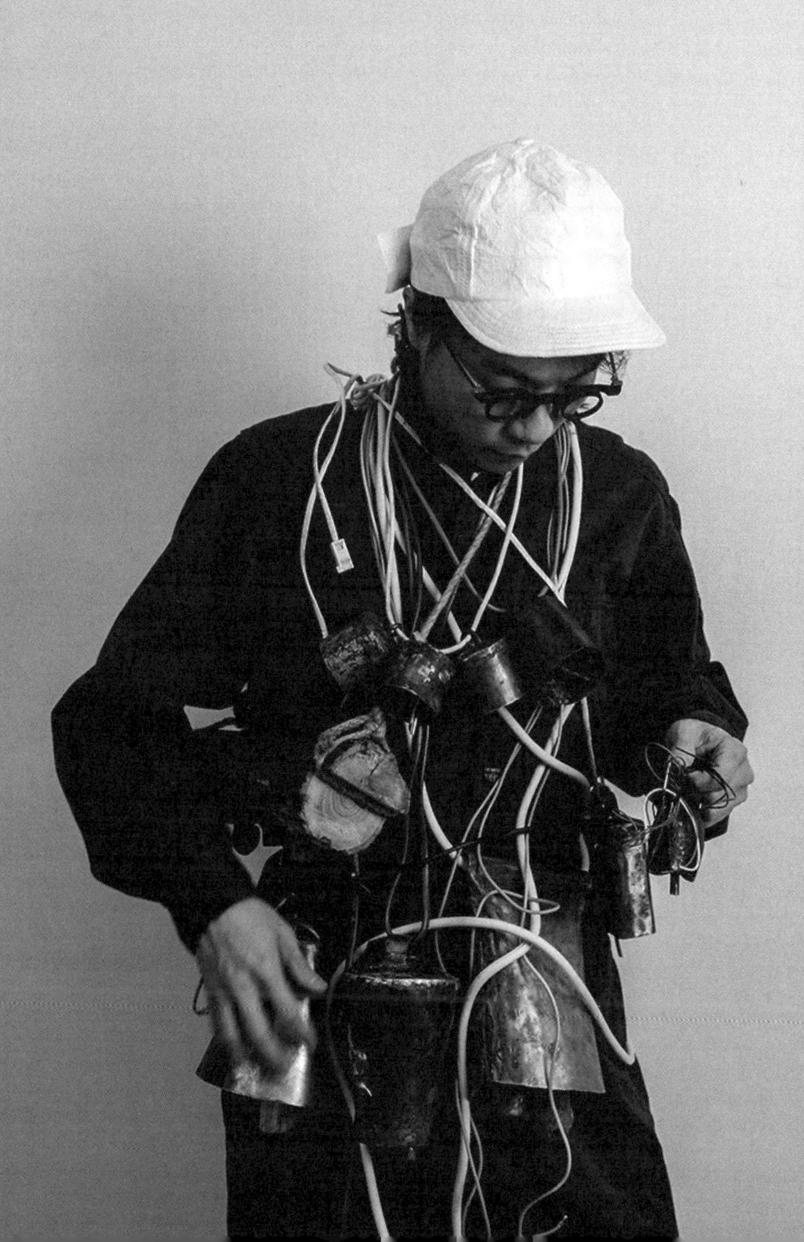

이해동한테 의미가 있는 최초의 소리는 무엇인가? 음악적이지 않더라도 의미 있게 다가온 소리의 기억이 있다면 거기에서 이야기를 시작하자.

첫째는 가죽 악기가 울리는 소리였다. 서아프리카 기니로 가기 전, 아마 한 13년, 14년 전인데, 우연히 방문한 한 스튜디오에서 통나무와 동물 한 마리의 가죽으로 만든 북소리를 들을 기회가 있었다. 그전까지는 세트 드럼을 좋아했는데, 가공된 나무나 플라스틱처럼 인간이 만들어 낸 물질이 아니라 자연 상태에 가까운 원재료로 만든 악기에서 나오는 울림이 정말 깊고 형언할 수 없는 특유의 색감이 있었다. 공장에서 만든 악기들하고는 완전히 다르게 다가왔다. 그 이후로 많은 일들이 순식간에 흘러갔고, 어느새 내가 꿈처럼 서아프리카 어딘가에서 악기를 치고 있더라. 누구나 그런 순간들이 있겠지만, 나에게는 그 첫 소리, 울림이 굉장히 의미 있는 순간으로 기억에 남아 있다.

둘째는 아마 좀더 거슬러 올라가서, 유치원이나 초등학교 때로 기억한다. 청소년 오케스트라 정기 발표회를 우연히 접했는데, 클라리넷 소리가 정말 매력적이었다. 그때 아버지께 한참을 저 악기가 꼭 배우고 싶다고 말씀을 드렸고, 아버지께서 음악을 전공한 친구 분을 통해 오래된 중고 클라리넷을 구해 주셨다. 그 후로 몇 년간 클라리넷을 배우면서 오케스트라 활동을 했는데, 그때 듣고 연주한 소리가 내게 처음으로 다가온 말 그대로 음악적인 소리였다.

유년 시절 주변의 소리 풍경은 어땠나?

음악을 많이 듣는 집안도 아니었고, 가족 중에 음악에 조예가 있는 분도 없었다. 사실 집안에 특별한 소리라고 할 게 없었다. 굉장히 조용했고, 원래 글을 쓰던 어머니는 나랑 동생을 키우느라 주부가 된 뒤로는 예술 활동을 안 하셨다. 다만 아버지가 자연을 좋아하셔서 어릴 때부터 산이나 바다로 캠핑을 다녔다. 주말이나 일이 없을 때 아버지랑 모닥불을 피우고 캠핑을 하고 바다에서 조개 잡으며 며칠씩 지내다 온 경험이 많았다. 아버지 덕에 그런 식으로 자연의 소리에 접근할 수 있는 기회가 상대적으로 많았다. 지금이야 캠핑장이 굉장히 체계화돼 있지만, 그때는 그저 자연 상태 자체인 경우가 많았다. 그곳에서 아버지랑 작은 모닥불 피워 놓고 감자도 구워 먹으며 나무, 바람, 계곡, 벌레들 소리에 둘러싸인 시간들이 합쳐진 총체적인 경험으로서 소리 풍경(Soundscape)이 기억이 많이 난다.

이제 아프리카 이야기로 넘어가자. 가죽 악기의 울림을 따라서 타악기를 배우러 아프리카 대륙으로 향한 건가?

처음부터 바로 서아프리카로 넘어간 건 아니다. 서아프리카 기니 출신 유명 연주자가 일본에 투어를 왔는데, 그분을 먼저 뵙고 막연히 음악에 관한 조언도 듣고 여러 의견을 여쭙고 싶어 우선 일본에 갔다. 함께 보내던 나날들 중 어느 날 밤 그분께서, '네가 이 정도로 악기와 소리에 진지하고 진심으로 좋아한다면 일단 아프리카로 와야 된다'고 말씀하셔서 비자 발급에 필요한 초대장까지 받고 바로 넘어간 건데, 그때만 해도 꼭 어떤 한 가지 정해진 악기를 배우겠다는 개념이 잘 없었다. 사실 지금도, 내 개인적인 경험에 따르면, 다녀온 많은 지역이나 부족도 악기를 단순히 외형만으로 명확히 구분하기보다는 소리를 소리 자체로 받아들이고 사용하는 방식이 먼저 나타난 것 같다. 결국 악기라는 물리적인 형태보다는 소리라는 무형의 본질이 더 중요한 게 아닌가 하고 아직도 고민 중이다. 그때 선생님께서 해주신 짧은 말씀은 그 지역의 전통적인 음악 자체가 너무 좋아서 막무가내로 공부해 보고 싶다는 내 마음에 도화선이 됐고, 그래서 앞뒤 돌아보지 않고 서아프리카로 떠났다. 여담이지만 그때는 어리고, 정말 음악만 바라보고 떠난 길이라 그곳이 프랑스어를 쓰는 곳인 줄도 모르고 처음 공항에 도착해서 적잖게 당황한 기억이 있다.

그곳에서 지내면서 주로 어떤 소리를 들었나?

내가 지낸 곳들은 음악에 관련된 계급과 부족들이 많이 모여 있는 지역이었다. 잠자는 밤을 제외하고 거의 하루 종일 악기 소리를 들은 것 같다. 음악을 연주하거나 연습하는 시간 이외에도 저녁 식사 후에 요리해 준 사람한테 고맙다고 한참을 노래 부르고, 일정이 끝나고 나면 사람들이 모여 음질도 좋지 않은 스피커로 댄스 뮤직을 틀어 놓고 밤새 또 춤추고 노래하다 잠들었다. 그곳에서는 술을 마시는 것도 엄격히 금지돼 있어서 음료수를 마시면서 그렇게 연주하고 놀았다. 늦은 시간까지 그런 소리를 듣다가 아침에 일어나면 또 아침이라 고맙다고 노래 부르고 연주하고, 아침을 먹고 나면 같이 음악 공부하자고 연주한다. 정말 꿈같이 하루 종일 음악에 노출돼 있었다.

그런 시간을 통해 음악가로서 소리, 또는 음악을 대하는 관점이 변화했나?

완전히 달라졌다. 어릴 때는 클래식을 공부했고, 사춘기 때는 시디플레이어에 헤드폰 끼고 다니면서 펑크, 헤비메탈, 힙합 음반 모으는 걸 좋아했다. 오랜 시간 서양 이론을 기준으로 음악을 바라볼 수밖에 없었다. 서양 관점으로 체계화된 소리와 화성에 익숙해져 있다가 좀더 원초적이고 날것 그대로 연주되는 서아프리카 음악을 직접 접하고 난 후 받은 충격은 한두 개가 아니었다. 소리와 음악은 항상 우리 삶 속에 존재한다는 얘기를 어렴풋이 들어 본 적은 있지만 막상 그곳에 가보니 온몸으로 느낄 수 있었다. 예를 들면 주방에서 일하던 어머니들이 갑자기 신이 나서 하던 요리를 멈추고 바가지나 그릇으로 쓰는 박을 두드리며 연주하는데, 그게 자연스럽게 노동요가 되는 거다. 물론 당연히 날것 그대로 연주하는 즉흥 음악이다. 요리할 때 쌀이 부족하거나 쌀이 덜 익어서 아궁이에 불을 새로 지피다가 연주를 시작하면 그렇게 또 한 시간이 이어진다. 그런 상황에 자연스레 계속 노출되니까 스스로 의문을 많이 갖게 됐다. 지금까지 공부한 모든 기준점이 무너지고 '음악이란 무엇인가?', '어디부터 음악이고 작곡이며, 녹음의 이상적인 기준은 무엇인가?' 같은 의문들이 머리에서 떠나지를 않았다.

한국으로 돌아온 뒤로는 타악기 연주자로 활동하면서 칸(KAN), 아이즘 등 다양한 팀 활동도 했다. 귀국 후에는 어떤 음악을 하려고 했나?

지금 생각하면 정말 부끄러운 일이지만 그때만 해도 정말 오만하게 한국에서 음악 하는 사람들은 모두 가짜라고 생각했다. 서아프리카 여러 지역에서 한국이랑 다른 환경에 노출돼 있다 보니 손으로 악보를 써서 하는 음악은 진정한 음악이 아니라는 생각이 있었다. 그래서 진정한 음악이 무엇인지 내가 알려 줘야겠다는 거만한 마음을 가지고 활동을 시작했다. 아프리카에서 수집한 소리나 악기, 그리고 원초적인 음악과 소리 그 자체에 관한 개념을 사람들에게 알리고 싶었다. 다시 생각해도 정말 어릴 적 부끄러운 얘기다. 동시대적인 다양한 소리가 있는 거고, 지금 시대의 전통 음악이 악보에 기보를 한다고 그게 틀린 건 아니지 않나. 결국에 시간은 흐르고 전통도 끊임없이 현대적으로 발전하며 새로운 전통의 역사를 쓰고 있다고 생각한다. 많은 시간이 흐르고 공부를 더 하면서 얕은 경험과 지식으로 편협한 생각에 갇혀서는 안 되겠다는 마음이 들었고, 부끄럽지 않도록 계속해서 개인적인 시각과 생각을 확장해 나가고 있다.

2017년에 개인적인 연구와 경험을 새로운 형식으로 풀어낸 《도깨비 플레이》를 발표했다. 조금 전에 이야기한 대로 부끄럽기도 한 열정들이 어느 정도 다듬어진 결과물인가?

그때는 '즉흥적인 것이 무엇인가?'라는 질문을 바탕으로 자유 즉흥 음악, 즉흥적인 소리의 본질에 집중하고 있었다. 베를린에서 연주하고 음악가들을 접할 기회가 있었는데, 상당히 깊이 있는 즉흥 음악 신을 직접 목도하고 다양한 공연에 참여하며 즉흥 음악 관련 워크숍도 들을 기회가 많았다. 일반적으로 실용 음악에서 말하는 솔로 연주 파트의 즉흥 연주가 아니라 새로 도래하는 실험적 장르로서 즉흥 음악이 어떻게 흘러가고 있는지 집중하고자 했다. 한국과 서아프리카의 민속 음악을 공부하며 샤먼이나 제사장 등 의식이나 의례를 진행하는 주체가 사용한 소리가 악보로 우선 체계화되지 않고 구전되거나 상황에 따라 바뀌는 즉흥성을 지니고 있다고 생각했다. 말씀하신 음반은 흔히 말하는 의식(ritual)이나 세레모니(ceremony) 같은 특정적 상황이 가지는 즉흥성이 지금 내가 다른 연주자들하고 교류할 때는 어떻게 발현이 될지에 중점을 두고 작업한 음반이다. 서아프리카 말리의 한 부족 사람들하고 사하라 사막 근처 마을들을 돌며 연주 여행을 한 적이 있는데, 그 사람들은 특정 연주나 종교적 의식을 하기 전에 그릇에 숯을 넣고 연주자들이 빙 둘러앉아 향을 피운 뒤 그 연기로 세수를 했다. 그런 의례가 앞으로 진행될 의식과 음악 연주에 큰 영향을 미친다고 믿었다. 이런 다양한 경험과 특정한 의식에서 영감을 받아 작업하는 앨범에도 그런 요소를 포함시켰다.

의식이나 세레모니는 솔로 앨범 이후 현재까지 한 작업에서 중요한 테마로 느껴진다. 2021년 발표한 작업도 제목이 '죽

음과 소멸의 생태계 — 사라지는 것들을 위한 세레모니
(Ecology of Death and Annihilation: A Ceremony
for Things that Wither)'였다.

내가 하는 작업에서 지금까지 가장 중요한 주제 중 하나다. 예술 장르의 하나로 명명되기 이전에 최초의 음악은 왜 존재하게 됐을까, 예술로서 소리의 기원은 무엇일까 하는 의문을 갖고 관련 연구를 꾸준히 해오고 있다. 많은 논문을 읽고 자료를 찾아봐도 이렇다 할 시원한 답변을 찾을 수는 없었다. 악기는 계속 부식되고 악보가 기보되기 시작한 지도 얼마 되지 않기 때문에 당연하다. 명확한 기록이 없기 때문에 아주 먼 조상들이 음악을 시작하고 즐기게 된 과정을 정확히 알기 어렵다. 그런데 많은 연구자가 공통적으로 하는 이야기를 들어 보면 인간은 살아남기 위해서 소리를 사용했다. 위험을 알리거나 사냥을 위한 소리가 먼저 시작됐고, 즐기기 위한 소리는 더 나중의 일이다. 생존을 위한 소리들이 삶 속에 하나씩 정립되다가 일종의 예술로 표현되기 시작한 형태가 의식 또는 세레모니였다. 역사적으로 가뭄이 들거나 큰 재해가 나면 꼭 의식을 지냈는데, 힘든 상황을 이겨내려면 사람들이 좀 미쳐서 간절히 기원해야 하지 않았을까 생각한다. 너무 힘드니까 미친 상태를 만들어 간절한 염원을 전달하도록 하는 게 소리와 음악이 하는 기능이었다. 태초부터 의식에 사용된 소리, 냄새, 빛, 움직임 같은 제의적 요소들이 예술의 기원이라는 관점 아래 후각 예술가 김이단이랑 함께 새 작품을 발표했다. 예술의 제의적 기원에 초점을 맞추며 동시대적 의식에 관한 고찰을 담아 작업했다.

2020년에 〈SOUND RITUAL 소리 의식〉이라는 사운드 전시를 했다. 숭고함의 경험이 점점 축소되고 인식이 흐릿해지는 시대에 '소리 의식'을 통한 숭고함의 회복을 이야기한 전시 서문이 아주 인상 깊었다. 소리를 통해 경험할 수 있는 숭고함이란 어떤 것일까?

칸트는 숭고함이라는 개념에서 인간이 장엄함을 느끼는 순간과 숭고함의 관계성을 이야기한다. 인간은 두려움을 느낄 만한 상황에서 숭고함을 느낀다고 한다. 예를 들어 거대한 에베레스트 산맥 앞에서, 또는 깊이를 알 수 없는 대양 한가운데에서 느끼는 두려움 같은 감정이다. 실제로 내가 아프리카 대륙에서 놀라울 만큼 거대한 바오바브나무 앞에 선 때 그런 비슷한 경험을 했다. 그럴 때 인간은 새로운 차원으로 공감각이 전이되는 경험을 하기도 한다. 시간이 다르게 흐르고, 공간을 다르게 인식하며, 작은 바람 소리 하나까지 아름답게 느껴지는 그런 순간 말이다. 내가 그 전시를 준비하면서 세계 각지의 외딴 자연 속에 머물 때 많이 들은 소리가 방목된 동물들 목에 매어 놓은 방울 소리였다. 그 소리에 깊이 매료돼 시간도 잊고 한자리에 머물면서 오랜 시간 그곳에 무심히 존재해 온 소리의 울림 덕분에 감각이 확장되는 경험을 했다. 그런 상황에서 오는 숭고함을 개인적으로 재구조화한 소리를 통해 사람들에게 제시하고자 했다. 지금 우리가 머무는 이 도시에서도 그런 숭고함을 경험할 수 있다는 이야기를 하고 싶었다. 대자연이 아니더라도 놀랍도록 큰 건물들 사이에 머물 때 그런 기분을 느낄 수 있지 않을까? 평소에 시끄럽다고 생각하던 소리도 어느 순간 정말 멋있고 아름답다고 느껴지듯 말이다. 일상적인 소리의 풍경 속에도 그런 의식적인 요소가 있다고 생각했고, 그런 감각이 음악가가 사람들에게 줄 수 있는 중요한 가치라고 생각했다. 예술가들이 일상에 자연스럽게 존재하던 대상을 조금 다르게 바라보듯, 일상에 존재하던 풍경에 재미있는 터닝 포인트를 준다면 그 안에서도 숭고함을 느낄 수 있다는 이야기를 하고 싶었다. 〈소리 의식〉에서는 전자 장비들이 만드는 화이트 노이즈와 솔레노이드(Solenoid)♩가 계속 철판을 때리는 물리적인 소리가 존재하고, 그 풍경 속에 카우벨

♩ 코일을 감아 전류에 따라서 자력을 조절할 수 있는 전자석이다. 여기에서는 전자기력을 물리적 운동으로 전환하는 솔레노이드 엑추에이터(Solenoid Actuator)를 말한다.

(Cowbell)'을 함께 설치했다. 사람들이 한 가지 소리에 집중해서 들을 때 결코 아름답기만 하지 않을 수 있다. 그렇지만 인지되지 못한 채 주변에 존재하는 여러 소리를 종합적으로 감각할 때 느껴지는 새로운 아름다움이 존재한다.

나는 작업에서 생태계(ecosystem)라는 단어를 자주 사용한다. 특히 '소리 생태계(sound ecosystem)'라는 말을 지속적으로 사용하는데, 꼭 소리 명상(sound meditation), 소리 목욕(sound bath) 같은 특정 장르보다도 자연에서 풀벌레나 새가 내는 울음, 나무의 흔들림, 인간들의 이야기 소리, 모닥불 타는 소리, 멀리 지나가는 자동차 소리 등이 혼합돼 눈에 보이지 않지만 들리는 소리 생태계가 있다고 생각한다. 또한 모든 소리가 생태계 속에서 조화될 때 가장 아름답다고 느껴진다. 예를 들어 보통 사람들이 흔히 아름답다고 하는 새 소리, 계곡 소리도 산속에서 살다 보면 때로는 그렇게 시끄러울 수가 없다. 흔히 아름답게 여겨지는 소리도 생태계 속 조화로움이 먼저 고려되어야 한다.

점점 소리에 관한 이해동의 관점이 이해되는 느낌이다. 〈소리 의식〉에서도 그렇고 그 이후의 작업을 살펴보면 지속적으로 카우벨 형태를 만들거나 금속을 이용한 작업을 하고 있다. 타악기 재료는 나무나 가죽 등 여러 가지가 있는데, 금

속에 관심을 가진 특별한 이유가 있는가?

금속 소재로 작업하는 사진을 많이 올리고 공개해서 그렇지 여러 재료를 사용한다. 좀더 자연에 가깝거나 날것인 원재료에 관심이 많다. 지금까지 소리나 음악을 계속 공부해 온 과정에서 당연히 영향을 받았다. 태초에는 가공되지 않은 재료를 사용할 수밖에 없으니 동물 뼈로 피리를 만들어서 불고 버려진 나무를 두들기면서 악기의 역사가 시작됐다. 특히 소리의 기원을 찾으면서 접한 많은 사람과 지역을 통해 만난 원초적인 형태의 악기들은 나에게 강렬한 영감을 주고 재료들을 바라보는 관점에 지대한 영향을 미쳤다. 최근 금속 재료에 더 집중하고 있는 이유는 다룰 때 느낌이 좋기 때문이다. 금속 성형을 위해 망치질할 때 오는 전율은 어떤 타악기 연주보다도 강렬하다. 대장장이들이 수만 번 망치질을 해서 물건을 만들어 낸다는 이야기를 들어 보신 적 있을 텐데 진짜 수만 번 망치질하지 않으면 모양이 잡히지를 않는다. 반복적으로 망치질할 때 느껴지는 온몸의 떨림은 타악기 연주자가 악기를 두드릴 때하고 또 다른 형태의 전율을

♪　가축 위치를 파악하려고 목에 매단 신호용 방울, 또는 그 방울에서 파생된 악기다. 지역에 따라 형태가 다양하며, 오늘날에는 대형 악기 제조사에서 판매하는 대중적 악기가 됐다.

선사한다. 더 나아가서 나 자신을 가다듬는 하나의 수행, 명상적인 기능도 포함된다.

최근에는 하나의 루틴으로 매일 망치질을 해서 작품을 제작하고 있다. 기본적인 소리 나는 형태를 만들기 위해 하루에 최소 여섯 시간 정도 망치질을 한다. 망치로 두들겨 형태를 잡고 소리까지 담아내도록 가르침을 주신 분이 한국에 계시다. 첫 만남에 한 산골 마을 부족이 만든 수십 년도 더 된 카우벨을 들고 가서 이 종을 제 손으로 만들고 싶다고 말씀드리니 웃으면서 망치질이 결국에는 타악 연주의 끝이라고 말씀하신 기억이 난다. 선생님은 자기가 망치질로 악기를 완성해 가는 동안 꽹과리나 다른 타악기 연주자가 함께 연주를 하는 작품 구상에 대해 말하셨는데, 그 말씀을 듣고 이분이야말로 내 선생님이라는 생각이 들었다.

아프리카에서 음악 공부를 하고 흑인 음악을 더 깊게 공부하는 길을 갈 수도 있을 텐데, 최근 행보를 보면 그 방향하고는 다른 길을 가는 듯하다. 최근에는 사운드 아티스트라는 용어로 더 자주 소개되는 듯하다. 사운드 아티스트라는 단어를 어떻게 생각하나? 개인적으로는 미디어 아트처럼 형태 자체에 '아트'가 붙은 단어는 좀 의심해야 한다고 생각한다.
나 역시 '아트'라는 단어를 무조건 붙이는 건 좀 의심스럽게 봐야 한다고 생각한다. 개인적으로는 '사운드 아티스트'라는 단어를 많이 쓰지 않는다. 다만 내가 사용하지 않아도 누군가 그렇게 나를 규정짓기도 한다. 내 관점에서 보면 그 단어를 쓰게 되는 이유 중 하나는 연주와 청취를 핵심으로 보는 음악(music)과 설치와 시각적 전달을 중요시하는 사운드 아트(sound art)를 다른 장르로 구분하는 경향이 있기 때문인 것 같다. 개인적으로는 어떤 작품이 소리를 매체로 사용한다면 장르를 나눌 필요는 없다고 생각한다. 다만 소리를 재료로 작업하는 사람을 통칭하는 의미로 그 말이 점점 보편화되고 있다면, 익숙해져야 할 것도 같다.

그렇다면 음악가 또는 타악 연주자로 작업할 때와 설치 작업을 할 때 이해동의 태도나 문제의식은 결국 비슷하다고 볼 수 있는가?

크게 다른 선상에 있다고 생각하지 않는다. 음악가로 소개가 되는 것과 사운드 아티스트로 소개가 되는 것, 또는 그냥 이해동으로 소개가 되는 것, 어떤 방식이라도 개인적으로는 상관이 없다. 나를 소개하고 비평을 하는 분들의 영역인 것 같다. 스스로 나는 단지 소리를 재료로, 또는 영감의 원천으로 다루는 작업자라 생각하고 있다.

주관적으로 좋아하거나 싫어하는 소리가 있나?

내가 의도하지 않은 소리는 대부분 싫은 것 같다. 이른 아침부터 나를 깨우는 새소리나 도시 한복판에서 사람들이 싸우는 소리처럼 내가 막을 수 없고 의도하지 않은 소리를 싫어한다. 사실상 기준이 굉장히 모호한데, 내가 놓인 상태나 환경에 따라 같은 소리도 좋아지거나 싫어지는 것 같다.

지금까지 한 이야기만 들으면 아프리카에서 소리에 관한 숭고한 경험을 하고 원재료들이 주는 소리의 근원을 탐구하며 망치질까지 하는 사람으로 읽힐지도 모르겠다. 하지만 전자 음악과 모듈러 신시사이저도 다루지 않나. 전자 악기에 매력을 느낀 계기는 무엇인가?

지금 떠올려 보자면 시작은 한 명의 음악가 때문인 것 같다. 몇 년 전 돌아가신 나나 바스콘셀루스(Naná Vasconcelos)라는 전설적인 음악가가 있다. 세계를 돌아다니면서 다양한 의식이 행해지는 순간을 기록한 영상 감독 빈센트 문(Vincent Moon)이 테드(TED)에 나와서 자기가 하는 작업을 소개하고, 라이브 연주자로 나나 바스콘셀루스를 초청한 영상을 본 적이 있다. 세련될 것 하나 없는 원초적인 악기들을 날것 그대로 가지고 연주하는데 맨발로 현대적인 이펙터 페달을 밟으며 소리를 만들어 가는 모습이었다. 그걸 보고 나도 아날로그 악기만 고집할 필요가 없다고 생각해 처음으로 페달을 샀다. 그게 보스(Boss) 디지털 딜레이였고, 그걸 공부한 게 전자 장비를 작업에 도입하게 된 첫 계기였다. 그분이 연주한 영상을 찾아보면서 타악기를 위한 이펙터의 세팅 값을 알아내고 내 것으로 만드는 과정이 시작이었다. 그 뒤로 일본이나 독일 등 여러 지역에서 다양한 음악가들을 만나 교류하다 보니 자연스럽게 전자 장비들을 접하고 공부할 기회가 생겼다. 사실 악기의 원형이라는 개념은 의미가 없고 지금 만들어지는 모든 것이 이후에는 또 다른 악기의 원형이 되겠다는 생각 아래 장비 자체에 관한 편견을 지워 나갔다.

이 인터뷰를 포함한 내 작업도 비슷한 이야기를 담고 있다. 배경이 다양한 소리들이 만나 동시대의 생태계를 구성하고 있다는 이야기다. 이해동이 생각하는 컨템퍼러리란 무엇인가? 소리의 기원에 관한 호기심으로 시작해 작업을 이어 가지만, 그런 작업들이 결국 컨템퍼러리 아트로 소개되고 있다.

사실 대학원에서 전공한 학문이 '컨템퍼러리 아트 실습(Contemporary Art Practice)'이다. 아직도 공부하고 알아 가야 할 부분이 너무나 많지만, 개인적으로 동시대적인 작업이라고 한다면 음악이든 미술이든, 아니면 또 다른 장르이

든 지금 우리가 살고 있는 이 시대의 사회적 쟁점을 많이 내포하고 있는 것 같다. 심각한 기후 변화에 따른 환경 문제와 6차 대멸종의 도래, 파괴적인 욕망이 불러온 잔혹한 전쟁, 급격한 인구 감소에 따른 사회 문제 등 시대적 상황을 많이 반영하는 게 이른바 동시대적 예술 작업이라고 생각한다. 개인직으로 소기에는 작업물에 정치적, 사회적, 철학적 성향을 과도하게 반영하는 것을 의도적으로 기피했다. 그렇지만 요즘에는 사변적이지만 오랜 시간 고찰한 미학적 관점을 작업에 녹여 보여 주는 것 또한 작업의 일부로 받아들인다. 또한 동시대에 상응하는 새로운 악기와 녹음 장비를 도입하고, 동시대적 관점에서 소리를 연주하고 해석하며, 진보적인 방식으로 세상에 보여 주는 모든 것이 컨템퍼러리 아트라고 생각한다. 사회적이고 철학적인 주제 의식뿐 아니라 동시대 환경 속에 있는 매체들하고 함께 만들어지는 작업 과정도 중요하다고 본다.

스스로 어떤 시대나 공간에 강한 영향을 받고 있다는 느낌을 받는가?

나에게 시대란 굉장히 의미 있는 주제다. 소리가 음악이라는 예술 분야로 처음 정립된 시기를 고찰해 여러 작업을 구현해 왔다. 그 시대가 정확히 언제인지 특정할 수는 없지만, 인간

종이 진화하면서 악기라는 것을 손으로 만들고 사용한 시간들을 향한 관심이었다. 서아프리카에 있을 때 많은 연주자들이 항상 이건 수십 년 아니면 수백 년 전부터 전래한 것이라고 한 이야기가 큰 영향을 줬다. 현재는 인간이 파괴적인 최상위 포식자로 군림하고 인류세를 이끌어 오는 데 소리가 주요한 기능을 했다는 관점을 가지고 소리가 문명사에서 정치적이고 경제적으로 이용된 맥락을 탐구하면서 작업을 하고 있다.

무의식에 자리하는 소리를 수음할 수 있는 가상의 마이크가 있다면 어떤 소리가 녹음될 것 같나?

이해할 수 없는 이상한 목소리, 또는 괴성. 개인적으로 그런 소리가 인간 종이 처음 낸 소리일 것 같다. 크게 소리 지르면서 뭔가를 위협하거나 쫓아낸 소리랄까? 태초에는 자기 목소리를 악기 삼아 첫 소리를 만들어 내지 않았을까. 악기를 사용할 새 없이 바로 몸에서 나오는 원초적인 소리다. 나한테서도 그런 소리가 먼저 날 것 같다.

이태훈

어떻게든 손과 줄로
해결해 보고 싶다

캘리포니아 주립대학교 데이비스 캠퍼스 작곡과를 졸업하고 버클리 음학대학교에서 기타 연주자 과정을 수료했다. 펑크 밴드 '펑카프릭 부스터'로 시작해 즉흥에 기반을 둔 재즈 펑크 밴드 '세컨 세션', 삼바 밴드 '화분', 사이키델릭 록밴드 '헬리비전', '음악그룹 시로', '테호', '비헤디드', '까데호' 등 여러 밴드에서 활동해 왔으며, 경기시나위오케스트라 〈다시 봄〉과 국립무용단 〈희망의 기본〉의 음악감독을 맡기도 했다. 2017년 첫 솔로 앨범 《내게 보이기 시작한》을 발표한 뒤 지금까지 솔로 앨범 네 장을 발표했다. 즉흥 음악을 바탕으로 서정적이면서도 열정적인 소리를 들려준다.

처음으로 음악을 들으면서 좋다고 느낀 건 초등학교 때 어머니 차를 타고 가면서 들은 나르시소 예페스(Narciso Yepes)라는 클래식 기타리스트의 베스트 앨범이다. 어머니가 왜 그 시디를 가지고 계신 건지는 모르겠는데, 그 음악이 뭔지 정확히 알고 들려주신다기보다 아이들 정서에 좋다고 하니 트신 것 같다. 그런데 그날따라 초등학생이 듣기에도 기타 소리가 정말 좋고 따듯하게 느껴졌다.

두 번째는 게임을 할 때다. 〈대항해시대〉라는 게임을 하고 있었는데, 어떤 지역에 갈 때마다 다른 음악이 나온다. 남미 어딘가를 방문할 때 보사노바 리듬과 멜로디가 들렸다. 그때는 그게 뭔지도 모르고 들었는데, 메이저인지 마이너인지 모를 분위기가 굉장히 좋게 들렸다. 간노 요코(Yoko Kanno)가 만든 음악이었다. 그러고 보면 어릴 때부터 가사가 없는 음악에 익숙했다.

그다음에 메탈을 듣는 시기가 있었는데, 제일 큰 충격을 받은 것은 레드 제플린(Led Zeppelin)의 1973년 매디슨 스퀘어 가든 라이브 공연 영상이었다. 〈신스 아이브 빈 러빙 유(Since I've been Loving you)〉라는 곡이었는데, 솔로를 듣고 충격을 받았다. 블루스 기반의 음악인데, 락킹(rocking)하고 노트♬도 많지만 밸런스가 되게 세련되게 느껴졌다. 그다음으로는 디엔젤로(D'angelo)의 소리에 빠졌다. 이싱하게 날이 서 있는데도 따뜻하게 좋은 느낌이 들었다. 생각해 보면 나에게는 다 질감이 중요했다. 꼭 어떤 장르라기보다는 좋게 들리는 소리, 뭔가 혼자 꽉 차 있기보다는 부들부들하게 여지가 있고 어디론가 갈 수 있는 그런 소리를 찾아다닌 것 같다.

그렇게 소리를 찾아다니면서 연주 톤이 정립된 거라고 볼 수 있을까?

사실 처음에는 톤이라는 개념이 없었다. 예를 들면 기타리스트 그랜트 그린(Grant Green) 인터뷰를 봤는데, 그 사람은 앰프에서 하이랑 로우를 0으로 다 깎아 놓고 미드만 끝까지 올려서 썼다. 그래서 그걸 그냥 그대로 따라 했다. 그게 사실 굉장히 텁텁하고 어려운 소리인데, 별생각이 없으니까 그냥 그렇게 썼다. 그 와중에 와우 페달까지 썼는데, 연주하느라 바빠서 소리는 신경도 못 쓰다가 어느 순간이 되니까

♪　외래어 표기법에 따르면 '간노 요코'이지만 '칸노 요코'로 표기하는 사례도 많다.

♬　음표를 가리킨다. 여기에서 노트가 많다는 의미는 연주에 음표가 많다는 뜻이다.

드디어 미드만 올린 소리가 어색하게 느껴졌다. 그래서 지금은 전부 다 12시 중간에 놓고 나머지는 다 손으로 해보자고 하고 있다. 그러면 내가 왜곡을 완화할 수 있고 거기부터 앰프 세팅을 조금씩 구성하는 식이다. 집에서는 일렉 기타도 앰프에 안 꽂고 칠 때가 있는데, 점점 그 기타 소리가 들리더라.

평소에 계속 소리를 생각하면서 연주를 하는데, 애초에 찾으려고 한 소리가 서스테인(sustain)이 길고 따듯한 소리였다. 기타는 서스테인이 상대적으로 짧은 악기인데, 그걸 이펙터로 인위적으로 해결하기보다 어떻게든 손과 줄로 해결해 보고 싶어 그 최대치를 찾으려고 한다. 어릴 적에 들은 나르시소 예페스의 클래식 기타에서 나오던 소리, 종소리처럼 하이가 굉장히 동그랗게 잘 깎여 있고 로우가 풍부한데 과하지 않은 그런 이상적인 소리를 계속 찾으려고 하는 것 같다.

이펙터나 앰프에 의지하는 기타리스트들도 많이 있을 텐데, 이태훈의 기타는 정반대 방향인 건가.

완전 반대다. 나는 손으로 만드는 게 좋다. 최근에 롤랜드 슈퍼큐브 100이라는 앰프를 샀는데, 그게 사실 베이스 앰프다. 일반 기타 앰프들은 해봐야 출력이 70, 90와트여서 손으로 조금만 세게 치면 소리가 깨져 버리는데, 얘는 베이스 앰프니까 꽤 세게 쳐도 괜찮더라. 뚱뚱한데 깨끗하고 잘 들리고, 그런데 안 쏘고. 그런 걸 손으로 만드는 거다.

다양한 색깔을 가진 밴드를 여러 개 했다. 밴드마다 내고자 한 톤이 달랐나? 아니면 늘 같은 마음으로 소리를 찾아서 연주했나?

표면적으로 전달되는 요소는 노트와 화성, 리듬, 혹은 레이백(laid back)♪♪이나 그루브가 어떤가 이런 것들인데, 그런 건 사실 표면적이고 사투리 같은 거라 다양한 밴드에서 흉내 내는 식으로 재미있게 했다. 하지만 늘 중요하게 고민하는 건 톤이다. 소리가 얼마나 더 잘 붙어서 울릴 것이냐, 연주 안에서 그게 어울리게 나오고 있는가, 그런 것들 말이다.

그동안 음악적으로 많은 것을 시도해 왔지만, 이 사람에게 제일 중요한 정체성은 결국 즉흥 연주자라는 생각이 든다. 지금까지 해온 모든 작업이 사실상 즉흥 연주라는 주제로 묶일 수 있을 것 같다. 이태훈에게 즉흥이란 어떤 건지 설명할 수

 소리가 일정하게 지속하는 시간. 엄밀하게 말하면 서스테인이 유지되는 동안은 소리 크기가 줄어들지 않지만, 기타에서 서스테인은 보통 소리가 작아지는 시간, 곧 파형의 엔빌로프(envelope.포락선)상 릴리스(release)에 해당하는 부분까지 포함한다.

 리듬을 미세하게 뒤로 미는 연주 기법. 보통 2박과 4박을 뒤로 살짝 밀어서 연주한다.

음악이 궁극적으로 무엇인지 생각을 많이 하는 편인데, 나에게는 개인적인 해소를 위한 역할이 크다. 남들을 위해서 하는 거는 그다음이다. 장르를 여러 가지 하는 것도 매일 똑같이 하면 지겨우니까 다른 걸 하는 거지 남들한테 뭐가 더 좋게 늘릴까 생각하면서 하는 게 아니다. 세컨세션(Second Session)을 오래 하다 보면 헬리비젼(Hellivision)처럼 때려 부수는 걸 하고 싶고, 헬리비젼 같은 걸 오래 하다 보면 조금 더 정형화된 시도를 하고 싶고. 이런 식으로 계속 이렇게 꼬리에 꼬리를 물고 병행해야 밸런스가 맞춰지면서 마음의 평화를 찾는 것 같다.

즉흥을 하면 그 과정에서 전환이 쉬워지고, 배경은 바뀌지만 나는 계속 같은 사람이니까 하던 얘기를 다른 어조로 할 뿐이지 사실 같은 얘기를 계속할 수 있게 되더라. 그래서 요즘에는 외부 세션 연주를 잘 안 한다. 그건 남의 이야기를 해야 하니까 항상 문제가 생긴다. 내가 하고 싶은 얘기라는 게 말로 할 수 없는 추상적인 거고, 나라는 사람이 가지고 있는 기질에서 나오는 진동들이 있을 텐데 그것들을 어쨌든 악기로 표현하는 거니까 늘 그 얘기의 밀도나 종류는 비슷한 것 같다.

본격적인 음악 공부는 작곡과에서 한 건가?

처음에 클래식 작곡과를 졸업했고, 그 후에 버클리에서 기타를 한 학기 배우다가 그만뒀다. 학교를 두 번 다니는 건 도저히 못 하겠더라.

학교에서 배운 클래식 작곡법의 토대가 현재 하고 있는 연주에도 영향을 미치는가?

지대한 영향을 미쳤다. 지금도 그때 배운 작법을 그대로 사용한다. 특히 곡의 형식이나 전개 부분에서 도움을 받이 받는다. 즉흥을 할 때 제일 어려운 부분이 뭐냐면 말이 막힐 때 그다음에 뭘 해야 하는가인데, 어느 정도 곡의 형식을 생각하고 가이드라인을 그리면 좀더 쉽게 풀린다. 클래식 작곡에는 이만큼 숨을 길게 쉬면 그다음에 어떻게 쉬어야 한다는 데이터베이스가 워낙 잘 정리되어 있으니까 그때 공부를 하면서 분석한 게 지금도 나에게 내재되어 있는 것 같다.

클래식 작곡법이라면 고전적인 대위법도 있겠지만 과거의 구성주의적 작법을 넘어서고자 한 전후 현대 음악 작곡법도 있다. 이태훈이 중요하게 생각하는 작곡법을 좀더 자세히 말해 줄 수 있나?

과거의 관성을 깨고 뭔가 다른 표현을 하려다 보니 현대 음악의 다양한 방향들이 나타난 것 같다. 물론 12음 기법이 음악적이지 않다고 얘기하는 건 아니지만, 12음계든 무조 음악이든 또 다른 뭐든 기본적인 호흡이나 내려고 하는 톤은 달라지면 안 된다고 생각한다. 나에게 큰 영향을 미친 것은 20세기 초반의 음악이다.

과도기의 음악인 바르토크 벨라를 정말 자주 듣고 공부했는데, 그 사람은 현대적이면서도 민속적인 음악을 많이 만들었다. 민속 음악은 클래식 음악보다 좀 더 리드미컬하다. 바르토크를 공부하면서 민속적인 것과 현대적인 것의 밸런스를 익힌 것 같다. 화성을 사용할 때는 현대적인 방식, 즉 조성에서 벗어난 연주를 하더라도 출처를 알 수 있는 아웃사이드 연주를 좋아한다. 지금은 어느 정도 적절한 위치를 찾은 것 같다. 그게 클래식 공부하면서 제일 많이 도움을 받은 부분이다.

즉흥 음악으로 발표한 음반이 많은데 그 안에서도 굉장히 다른 음악들을 발표했다. 까데호(Cadejo)도 즉흥 음악 밴드를 표방하고 있는데, 테호(Teho)처럼 서정적인 즉흥도 있고 비헤디드(Beheaded)처럼 아방가르드한 즉흥도 있다. 발표 안 된 곡들은 더 많을 것 같다.

즉흥 음악은 같이 하는 사람에 따라서 바뀌는 것 같다. 나는 음

악이 대화라고 생각하는데, 즉흥 음악은 사실 장르가 아니
라 아까 얘기한 톤과 태도에 더 관련이 깊다. 내 연주도 그
대화의 주제가 무엇이고 테마가 무엇이냐에 따라 바뀐다.
좀더 긴 얘기를 주저리주저리 하고 싶을 때는 테호를 하는
거고, 그래도 조금 더 친절하게 얘기하고 싶을 때는 까데호
를 하는 식이다.

**그런 식의 다양한 말하기가 모두 자기에게 필요하다고 느끼는
건가?**

그렇다. 애초에 그건 기질인 것 같다. 한 가지 방식만으로 말하
는 걸 되게 싫어한다.

**평소에 즉흥 연주자들에게 궁금하던 것이 있다. 어떤 키나 코드
가 주어지고 그 안에서 잼을 하는 즉흥이 있고 아무런 약속
없이 시작하는 즉흥이 있지 않은가. 즉흥 연주 속에서 머릿
속으로 끊임없이 생각하면서 연주하는 편인지, 아니면 최
대한 생각을 비우고 하는지도 궁금하다.**

혼자서 연습할 때는 그런 생각을 하면서 한다. 규격과 형식을
지키려고 한다. 예컨대 어떤 주제의 진행과 변형에 관해 생
각하다가 잠시 연주를 멈추기도 한다. 진짜로 작곡하듯이
연주하는 거다. 반면 공연을 할 때는 아예 그런 생각을 안

한다. 제일 중요한 거는 상대방이 무슨 소리를 내고 있는지 빨리 파악하고 그거에 맞는 대답을 하는 거다. 공연에서는 그걸 제일 먼저 하려고 하고, 그다음에는 내 연주를 의식하지 않으려고 한다. 이게 될 때도 있고 안 될 때도 있는데, 분위기가 잘 맞고 서로 얘기가 잘 되면 내가 연주하는 것처럼 안 느껴질 때가 있다. 어떤 소리가 들어와서 나가고 들어와서 나가는 것은 어차피 많이 연습한 거니 자기가 알아서 돌아다니게 둔다. 거기서 뭔가를 해야겠다고 하는 순간 그 흐름이 깨지고 분위기가 확 인위적으로 변하더라. 맥락에 맞는 얘기는 내가 몸으로 이미 하고 있고, 그 얘기가 충분히 나올 때까지 기다려 주고 마무리를 알아서 짓게 만들면 되는 거다. 나는 그 과정에서 몸만 제공하면 된다.

케니 위너(Kenny Werner)가 쓴 《완전한 연주》라는 책에도 비슷한 이야기가 나온다. 즉흥 연주를 하는 건 유체 이탈 상태에서 그저 연주하는 자신을 바라보는 거라는 말이었다.

유체 이탈까지는 모르겠지만 내가 의식해서 하는 연주를 최대한 안 하려고 노력 중이다. 오래 걸릴 것 같지만, 가끔씩 그렇게 내가 연주한 것 같지 않은 연주가 나오기도 한다. 이번에 까데호 음반을 녹음할 때도 그렇게 작전을 짜고 간 게 아닌데도 완전히 다르게 나온 몇 곡이 있었다. 내가 친 것 같지 않은 그런 연주들이다.

밴드 작업도 많이 하지만 솔로 음반도 꾸준히 내고 있다. 솔로 작업들서는 나일론 기타의 음색과 브라질 음악의 영향이 강하게 느껴진다. 어릴 때 큰 영향을 준 소리도 클래식 기타 소리라고 했는데, 이태훈의 내면에 가장 닿아 있는 소리는 클래식 기타 소리인 건가?

아무래도 혼자 기타를 치는 시간이 많은데 클래식 기타가 혼자 칠 때 울림이 가장 좋지 않은가. 내가 계속 내고자 한 그 둥 그런 톤을 내기도 클래식 기타가 훨씬 쉽다. 한 2020년 정도까지 그런 식으로 클래식 기타를 계속 치다보니 이제는 전혀 힘을 들이지 않고도 연주할 수 있게 됐다. 작곡할 때도 클래식 기타를 가장 많이 사용하고 있고. 그 결과가 자연스럽게 솔로 음반으로 나오는 거 같다.

잠시 질문의 범위를 넓히자. 음악을 구성하는 요소는 리듬, 멜로디, 화성, 음색을 꼽을 수 있고 더 넓게 보면 사회 환경이나 테크놀로지 같은 시대적 상황도 있을 것이다. 이태훈이 생각할 때 음악에서 중요한 요소는 무엇인가?

최근에 많이 하는 생각은 분위기, 무드인 것 같다. 음악이 어떤 무드를 만들어 내면 이야기는 알아서 나온다. 사람들이 공감할 수 있을 만큼의 밀도 있는 분위기가 형성되면 관객들도 알아서 자기 이야기를 만들더라. 그 무드를 만들려면 음색과 톤 같은 것들이 다 중요한데, 요즘은 그것보다 집중도가 제일 중요한 것 같다. 아티스트가 얼마나 음악에 집중하고 있느냐를 보여 주면 사람들은 자연스럽게 중력에 끌리듯이 그 이야기에 따라 들어오게 되더라. 그 경험을 요즘 중요하게 생각하면서 무드를 찾아가고 있다.

시대적인 이야기를 해보자. 내 작업, 인터뷰의 출발점은 컨템퍼러리라는 단어다. 예술계에서 활동하다 보면 좋든 싫든 컨템퍼러리라는 단어를 정말 많이 듣게 된다. 음악 분야로 좁혀서 말하자면 지금 시대 최전방의 소리를 찾기 위해서 분투하는 사운드 아티스트들도 있고, 또 한쪽에는 여전히 1960년대와 1970년대 음악의 톤을 내려고 노력하는 사람들도 있다. 또 그런 이들이랑 전혀 상관없이, 예를 들어 나는 아프리카 음악이 제일 좋다는 사람들도 있다. 그런 사람들이 여기저기서 함께 살아가고 있는 게 동시대라는 느낌을 받는데 그렇게 공존하는 소리들을 좀더 애정 있게 바라보고자 하는 것이 지금 내 작업의 출발점이다. 이태훈은 컨템퍼러리라는 말을 들으면 무슨 생각이 드는가?

컨템퍼러리는 말 그대로 지금의 소리일 텐데, 사실상 그건 장르

하고는 아무 상관 없는 말이라고 생각한다. 즉흥 음악이 장르에 무관한 것처럼 제일 충실한 컨템퍼러리 음악은 결국 지금의 이야기를 하는 거 아닐까. 개인적으로는 과거의 음악이 좀더 육체적인 것, 진짜 먹고 사는 문제라든가 그런 것들 이야기를 많이 했다면, 가면 갈수록 음악이 정신적인 이야기를 하게 되는 것 같다. 내가 좋아한 현대 음악은 대부분 그런 면을 가지고 있었다.

개인적으로는 파로아 샌더스(Pharoah Sanders)와 플로팅 포인츠(Floating Points)가 런던 심포니 오케스트라랑 함께 발표한 음반이 최근에 가장 좋게 들은 현대 음악이었다. 아무 내용이 없는 것처럼 흘러가지만 지루하지 않게 계속 들을 수 있는 그런 음악이다. 현대 음악의 정의가 무엇인지 논의하는 것은 피곤한 일이지만, 계속 들어도 기 빨리지 않는 음악이 제일 현대적인 게 되지 않을까 싶다.

이태훈의 작업도 어떤 맥락에서는 컨템퍼러리 음악으로 소개된다. 비헤디드의 음반 소개 글에는 '두 연주자가 과감하게 동시대성을 표현한다'는 문장도 적혀 있다. 그때는 무슨 동시대성을 표현한 건가?

결국 동시대성은 개인적인 것에 연결된다. 그때는 뭔가 안 좋은 상황을 어떻게든 이겨 내고자 그런 동시대성을 이야기한 거 같다. 사실 나는 음악을 할 뿐인데 사람들이 그런 말을 만들어 주는 것 같다. 나는 실제로는 즉흥 음악이라는 것도 없다고 생각한다. 똑같은 음을 열 번 치면 모두 다른 소리가 나는데, 그럼 당연히 모든 음악이 즉흥 음악인 거 아닌가. 기계가 연주한다고 해도 기계 역시 전기나 다른 것에서 영향을 받는다. 결국 어떤 음악을 이해하기 쉽게 만들어진 말이 동시대성인 것 같다.

혹시 음악 작업을 할 때 강하게 영향을 받은 시대나 장소 같은 것이 있나?

고등학교 때 미국에 가서 그때 태도가 지금도 남아 있다. 한국에서는 고등학교 때부터 입시 때문에 나는 여기에서 정말 안 되겠다는 생각을 했는데, 미국에서는 정말 그런 걱정을 하나도 안 해도 괜찮았다. 내가 있던 곳은 앞으로 뭘 하고 살지 별 고민도 안 하고, 심지어 음악을 잘해야겠다는 욕심도 없이 그냥 막 하는 분위기였다. 그냥 내가 재미있으면 됐지. 그 생각이 계속 오래 남아 있는 것 같다.

이제 마지막 질문이다. 이태훈의 무의식에서 나오는 소리를 수음할 수 있는 가상의 마이크가 있다면 어떤 소리가 녹음될 것 같나?

이태훈. 내 이름을 부르는 목소리가 녹음될 것 같다. 그게 내가 살면서 제일 많이 들은 말 같다. 어릴 때는 혼나면서 들었고, 지금은 공연하면서 듣는다.

조은희

서로의 소리를 듣고
소통하는 것

클래식 작곡을 기반으로 사운드스케이프와 전자 음악을 통해 다양한 영역에서 음악과 공연을 만드는 창작자이가 퍼포머다. 연세대학교 작곡과를 졸업한 뒤 한국예술종합학교 음악원 음악테크놀로지과에서 예술전문사 학위를 취득했다. 전통적인 음악과 현대 기술적 요소가 융합된 형태로서 예술과 기술의 경계에서 실험과 확장을 모색하는 작업을 해왔다. 주요 작업은 공간과 장소성에 주목하는 사운드스케이프에 기반을 둔 '사운드 맵 프로젝트'(2015년 시작)와 텍스트와 사운드의 관계성을 실험하는 '포스트 음악극'(2019년 시작) 시리즈가 있다. 인천아트플랫폼과 우란문화재단 우란이상 레지던스 아티스트로 활동했으며 2022년에는 서울국제공연예술제(SPAF)에서 〈포스트 음악극: 시〉를 발표했다.

모태 신앙인 나에게 가장 익숙한 소리는 교회에서 접한 음악이다. 일주일에 한 번씩 교회에 가서 서양의 화성을 기반한 찬송가와 복음성가를 부르고, 성가대와 피아노 반주를 하면서 체화한 소리들이 있다. 가장 인상 깊은 소리 경험이라면 2019년에 사운드스케이프 작업과 리서치를 하러 베를린과 파리에 간 일이 떠오른다. 파리에 메시앙이 오르가니스트로 활동하던 교회가 있는데, 거기에 가서 때마침 오르간을 연주하는 소리를 들었다. 연주하는 곡을 떠나서 그 공간에서 울리는 소리 경험이 굉장히 강렬했다. 또 하나는 파주에 있는 음악 감상실에서 한 경험이다. 처음에는 큰 기대를 안 하고 갔는데, 엄청나게 큰 옛날 스피커들에서 나오는 음향 경험이 인상 깊었다. 마지막으로 하나 더 이야기하자면, 노이즈 캔슬링 이어폰을 처음 착용한 때다. 보통 클래식 음반은 아무리 볼륨을 크게 해도 지하철같이 소음이 큰 공간에서는 잘 들리지 않는다. 어느 날 지하철 플랫폼으로 가면서 노이즈 캔슬링 이어폰을 꼈는데, 그 순간 모든 소리들이 청소기에 빨려 들어가듯 사라지는 경험이 굉장히 인상 깊었다.

피아노는 언제부터 배웠나?

8살부터 배웠다. 어릴 때부터 피아노 소리를 좋아했고, 매일 혼자 피아노를 쳤다. 사실 어릴 때 연주한 건 진짜 피아노가 아니라 전자 피아노인 다이나톤(Daynatone)이었다. 그 안에 다양한 소리들이 있어서 그걸로 연습하면서 음악에 어울리는 음색을 찾아서 친다거나 했는데, 그런 것도 중요한 음악적 경험이었다.

그런 소리를 들으면서 나는 이런 소리는 좋아하고 이런 소리는 별로 안 좋아한다는 취향이 생겼나?

별다른 취향은 없는 것 같다. 취향은 주관적이고 계속 바뀐다. 오히려 소리에 많이 열려 있는 것 같다. 때로는 취향이 없는 게 좋다는 생각을 하기도 한다. 예를 들어 마스터링이 잘된 음원이 좋을 때도 있고 핸드폰으로 녹음한, 음향적 측면에서 별로 안 좋은 소리가 때에 따라 더 좋게 느껴지기도 한다.

작곡과를 졸업하고 음악테크놀로지과에 들어갔다. 작곡과를 졸업할 때는 아방가르드한 음악에 관심이 있었다고 들었는데, 어떤 목마름 때문이었나?

어릴 때부터 혼자 피아노 치고 노래하는 걸 좋아하다 보니 중학교 때 음악 선생님이 전공을 해보지 않겠냐고 권유하셨고,

그렇게 예고에 진학하게 됐다. 예고에 가서는 클래식을 공부했다. 그렇게 자연스럽게 클래식 작곡과에 진학했는데, 내가 클래식 애호가들처럼 고전 음악을 좋아한 사람은 아니었다. 모든 음악을 다양하게 듣는 편이었다. 대학교에 진학할 때도 영화 음악이나 뮤지컬 음악을 해보고 싶다는 생각이 있었는데, 막상 학교에서는 현대 음악을 배우게 됐다. 현대 음악 공부가 어렵긴 했지만 나름대로 즐거웠다. 다만 졸업한 뒤에 유학을 간다거나 더 진지하게 현대 음악을 계속할 마음이 들지는 않았다. 앞으로 나는 어떤 음악을 하면서 살아야 하나 생각하던 시점이 대학교 4학년 때다. 그때 프랑스 리옹과 이르캄(IRCAM)에서 활동한 선생님 수업을 듣게 됐고, 그게 중요한 경험이 됐다. 내가 다닌 학교에는 미국에서 공부한 선생님들이 많았는데, 그분은 유럽에서 전자 음악까지 공부하신 분이라 스타일이 많이 달랐다. 선생님께 레슨을 받으면서 이르캄에서 만들어진 음악이나 동시대에 유럽에서 연주되는 음악들을 들으면서 전자 음악에 호기심이 생겼다. 처음에는 유학을 가야겠다는 생각을 했다. 지금까지 내가 아는 것만 현대 음악이 아니라는 생각이 들면서 유학을 가기 위해 영어 공부를 시작했는데, 결국 공부보다는 인터넷에서 음악을 더 많이 찾고 있었다. 누군가 블로그에 아카이빙해 둔 전자 음악을 찾아서 듣기도 하고, 다양한 전자 음악을 많이 들었다. 세상에 이렇게 좋은 음악이 많구나 싶었다. 음악과 인터랙션이 되는 오디오 비주얼 작업을 보면서 이런 세계가 있구나 놀라기도 했다. 그때 엘지 아트센터나 미술관, 홍대 대안 공간들에서 사운드 아트 작업을 많이 소개했다. 그런 공연을 찾아다니면서 다른 세계를 경험하다 보니 자연스럽게 유학보다는 한예종 음악테크놀로지과를 선택하게 됐다.

대학교에 다니면서 자연스럽게 전자 음악이나 현대 음악에 많이 노출된 것으로 들린다. 한국 대학에 있는 작곡과는 분위기가 대부분 그런가?

솔직히 그때는 학교 커리큘럼이 '올드하다'고 생각했고, 지금도 별반 다르지 않다고 느낀다. 다른 사람들도 나하고 비슷한 경험을 한지는 잘 모르겠다. 학교마다 다를 것이다.

인터뷰를 위해 조은희가 한 작업을 정리하다 보니 '사운드 맵'

♪　프랑스 파리에 자리한 음악음향연구소(Institute for Research and Coordination in Acoustics/Music). 다양한 예술 분야를 연구하고 진흥하기 위해 설립된 퐁피두 센터의 음악 분과로, 1977년에 문을 열었다. 예술가와 기술자가 함께 음악과 음향에 관련된 과학적 연구를 주도해 온 곳으로, 세계적인 음악 연구 기관으로서 독보적인 위치를 차지하고 있다. 작곡가 피에르 불레즈가 초대 소장을 지냈다.

과 '포스트 음악극'이라는 두 가지 방향성이 보인다. 먼저 사운드 맵을 이야기해 보자. 2015년부터 지금까지 사운드 맵이라는 이름으로 장기 프로젝트를 진행 중이다.

처음부터 이게 장기 프로젝트가 될지는 몰랐다. 2008년부터 2010년까지 음악테크놀로지과를 다닐 때 학교 교수님이 현재 태싯그룹의 멤버인 장재호 선생님이었다. 태싯그룹의 이진원 님은 같은 학과 선배였다. 그 시기에 태싯그룹이 만들어졌고, 코딩이나 피지컬 컴퓨팅을 배우면서 많은 영향을 받았다. 태싯그룹 공연에 연주자로 참여하면서 투어를 함께하기도 했는데, 그때 공연 기획이나 여러 가지 프로세스를 익힐 수 있었다. 그러면서 이제 나만의 것을 해보자는 마음이 생겼고, 기술과 예술 사이에서 내가 할 수 있는 것들을 해보자는 생각을 했다. 그렇게 만든 첫 공연이 2014년에 발표한 〈송 에 뤼미에르(Son et lumière)〉다. 그 뒤로 또 어떤 걸 할 수 있을지 고민하던 차에 수원문화재단 지원 사업 공고를 보고 뭔가 해보자고 마음을 먹었다. 처음에는 수원이라는 곳에 관해 잘 몰랐는데, 리서치 과정에서 수원 화성을 발견했고, 그곳 풍경이 나에게 굉장히 새로웠다. 그 공간이라면 새로운 사운드 작업을 할 수 있을 것 같았다. 그 뒤로 새로운 공간에 관한 리서치와 상상을 이어가면서 사운드 맵이 이어지게 됐다.

어쩌면 우연한 시작일 수도 있지만 수원 화성 작업을 한 뒤로 사운드 맵, 또는 사운드스케이프 관련 작업을 꾸준히 하고 있다. 그 작업이 중요해진 이유는 무엇인가?

원래 앉아서 혼자 오래 작업하는 걸 잘하지 못한다. 2008년부터 2013년까지 계속 컴퓨터하고 싸움을 하면서 기술을 익히는 시간을 보냈는데, 꽤 힘든 나날이었다. 컴퓨터로만 하는 작업 말고 내가 더 잘할 수 있는 게 뭘까 고민했는데, 사운드 맵 작업을 하면서 밖으로 나가 보니 정말 좋았다. 연주자들하고 협업하는 즐거움도 배울 수 있었다. 야외에서 녹음한 걸 집으로 가져오면 물론 다시 혼자만의 시간이 필요하지만, 밖에서 한 경험이 작업을 지속할 재미와 힘을 줬다. 함께하는 연주자들이랑 협업하는 즐거움도 알았고.

어떤 공간을 조사하면서 책과 인터넷을 활용하는 게 정보가 더 많을 때도 있다. 반면 조은희는 꾸준히 현장을 찾아서 녹음하고 작업해 왔다. 컴퓨터로 자료를 찾을 때와 현장에서 리서치를 할 때 차이는 무엇인가?

공간을 발견할 때는 당연히 인터넷을 사용해서 사전 조사를 한다. 하지만 현장에 가 보면 더 잘 이해되는 것들이 있다. 2017년과 2018년에 작업한 공간이 한강이랑 태백산맥이었는데, 실제 공간에 가 보면 왜 서도 민요는 더 굵게 떠는지, 서울에서는 왜 더 그렇게 얌전하고 우아하게 부르는지, 강원도에서는 왜 좀더 서정적인 울림이 나오는지 느낄 수 있었다. 똑같은 산이라도 부드러운 느낌을 주는 곳이 있고 더 웅장한 느낌을 주는 곳이 있다. 그런 미묘한 차이와 그 공간에 담긴 어떤 영적인 에너지가 도움이 된다.

사운드스케이프 작업을 할 때 구체적인 과정도 궁금하다. 들리는 모든 소리를 다 녹음할 수는 없으니 결국 어떤 소리를 녹음할지는 선택이 중요할 텐데, 소리를 채집할 때 자기만의 방식이나 접근법이 있는가?

대부분 내가 좋아하는 소리를 녹음하게 된다. 흐르는 물소리나 새소리, 지나가는 거리의 소리들이다. 그런 소리가 공간의 온도나 습도에 따라 조금씩 다르게 들린다. 공간의 소음도 나라마다 조금씩 다르다. 녹음 방식에 관련해서는 작업을 오래 하면서 관점이 좀 변화했다. 처음에는 새소리를 녹음하려고 하면 차가 지나가는 소리나 주변 소음을 최소화하려고 노력했는데, 지금은 그 공간의 소리를 내가 임의로 삭제하지 않으려 한다.

2019년에는 사운드 맵 작업의 하나로 파리와 베를린에 리서치를 다녀왔다. 어떤 소리를 듣고 무슨 성과를 얻었나?

해외에서 리서치를 하려고 할 때 어느 정도 예상한 게 있었다. 예를 들어 이런 소리는 좀 다를 거 같고 이런 건 비슷하지 않을까 하는. 내 예상이랑 비슷한 부분도 있었지만, 녹음 과정에서 내가 예측하지 못한 일들이 많이 벌어졌다. 어떤 소리를 기대하고 가보니 아무 소리도 없는 경우도 있었고, 그래서 훨씬 더 예민하게 귀를 열고 다닌 거 같다. 예측하지 못해서 좋은 소리도 많다. 그곳의 언어가 익숙하지 않을 때는 사람들 말소리나 텔레비전 소리가 모두 노이즈처럼 들리기도 했다. 필드 레코딩 말고도 파리에서 현지 사운드 아티스트랑 같이 협업한 시간도 좋았다. 베를린에서는 2018년에 공연한 〈태백산맥 소리지도〉의 컨셉을 현지 연주자들이랑 즉흥으로 연주한 적이 있는데, 연주할 때 받은 느낌이 인상적이었다. 이때 즈음 만든 작품에서는 주로 전통 악기를 사용했는데, 해외 리서치를 하면서 그런 부담감도 줄어든 것 같다.

필드 레코딩에서 작업을 시작할 때 녹음된 파일을 다시 들어보는 일부터 되게 큰 노동이지 않을까 생각한 적이 있다. 이제는 작업 방식에 많은 노하우가 쌓여 있을 텐데, 녹음된 소리를 작업물로 발전시키는 과정이 궁금하다.

수원 화성에서 작업할 때는 연주자와 사진작가, 영상 작가하고 함께 다양한 장소를 찾고 그곳에서 소리가 어떻게 들리는지 실험했다. 수문이 모두 일곱 개 있는데, 그중 한 곳의 리버브(reverb)가 정말 좋았다. 그곳에서 물이 흐르거나 떨어지는 소리를 녹음하기도 했고, 같이 간 연주자가 이 공간에서는 어떤 음악을 연주하면 정말 좋을 것 같다는 아이디어를 주기도 했다. 음악가들이랑 대화하면서 전통 악기와 음악에 관한 공부도 할 수 있었다. 연주자나 동행한 촬영 감독이 같은 공간에서 서로 다른 소리를 들을 때도 재미있었다. 그런 과정을 작품으로 발전시키면서, 〈수원화성 소리지도〉도 그렇고, 초기에는 나만의 주관으로 소리를 선정하고 최대한 깔끔한 공연으로 완성하는 데 집중했다. 녹음된 소리도 최대한 깨끗한 음질로 사용하려 했다. 최근에는 그런 방식이 내가 들은 소리들을 너무 많이 삭제하는 것 같아서 좀 더 풍부하게 소리를 들려줄 방법을 고민하고 있다. 꼭 무대라는 공간에서 하는 공연 형식이 될 필요도 없다. 그런 측면에서 공공 예술이나 거리 예술에도 관심이 생기고 있다.

어떤 장소의 소리를 녹음해서 그 결과물을 공연이나 전시로 표현할 때 결국에 전달하고 싶은 이야기는 무엇일까?

내가 경험한 공간을 관객들도 자기만의 공간으로 느끼면 좋겠다. 똑같은 공간에서도 저마다 다른 기억과 해석을 가지게

되고, 어떤 지점에서는 공감이 발생한다. 뭔가를 구체적으
로 제시하기보다는 열어 두고 싶다. 그런 일을 하는 데 사운
드라는 매체가 꽤 적절하다는 생각을 한다.

전통 음악인, 특히 즉흥에 강한 연주자들하고 협업을 많이 했다. 특별한 이유가 있나?

같이 작업하면 재미있다. 사실 처음에는 전통 음악을 하는 분이
인터랙티브 비주얼 작업을 도와 달라는 제안을 해서 시작
하게 됐다. 클래식을 전공하고 전통에 관해 너무 아는 게 없
던 시기라 우선 가야금을 배우기 시작했다. 나는 내가 악기
로 직접 해봐야 하는 사람이라 시간이 좀 걸린다. 가야금을
배우면서 전통 음악이 지닌 매력을 점점 알게 됐고, 국립극
장에서 하는 여우락 페스티벌 공연을 보면서 더 많은 매력
과 호기심을 느꼈다. 간혹 전통 악기를 조율하는 문제 때문
에 함께 작업하기 어렵지 않냐는 질문을 받기도 하는데, 현
대 음악과 전자 음악의 미분음과 현대 주법, 노이즈 등에 이
미 익숙해서 협업 자체는 전혀 불편하지 않았다. 협업은 일

♪　　잔향(Reverberation), 곧 원음을 내는 진동(직접음)이 아니라 공간이나 물체에서 반사
돼 들리는 소리(반사음)의 합을 말한다. 공간 특성에 따라 잔향은 길이와 성격이 매우
달라진다. 금속판, 스프링, 디지털 회로를 이용해 인위적으로 만들 수도 있다.

단 재미있으니까 계속한 거 같다. 즉흥을 함께하면서도 내가 모르던 점을 배운 게 많다.

작업에서 즉흥적 요소가 중요한가?

사실 내가 배운 클래식의 전통은 작곡가가 완전히 통제하는 악보 기반 음악이 많은데, 그게 나한테 잘 맞지 않았다. 악보에 가두기보다는 열어 놓고 작업할 때, 그때마다 미묘하게 달라지는 게 더 재미있었다. 개인 작품을 준비할 때도 연주자들이랑 합주보다는 대화를 많이 했다. 그런 대화가 잘될 때 즉흥을 함께하면 음악적 공감대가 잘 형성되는 거 같다.

이제 다른 한 축인 포스트 음악극 이야기를 해보자. 사실 음악으로 어떤 이야기를 전달하는 예술은 오랜 역사가 있다. 성가나 오페라는 물론이고 교향곡도 어떤 이야기를 담고 있는 사례가 많다. 조은희가 생각하는 '포스트' 음악극은 지금까지 나온 표제 음악'들에 견줘 지향점이 어떻게 다른가?

포스트 음악극은 2016년에 한 오페라 작업이 단초가 됐다. 뮤지컬이나 대중적인 음악도 좋아해서 오페라에서도 한국어로 노래를 만들고 싶었다. 그래서 우리말의 말맛이 잘 살아 있다고 생각하는 백석의 시를 활용해 〈JAYA〉라는 음반을 만들었다. 그 뒤로 내가 하는 전자 음악을 결합해 지금 시점에서 내가 할 수 있는 총체극♬♬ 같은 걸 해보고 싶은 욕심이 생겼다. 처음에는 〈JAYA〉를 발전시킨 공연을 만들어 보려 했는데, 더 욕심이 생겨서 텍스트와 사운드에 관련된 실험을 더해 〈포스트 음악극 시〉를 만들었다. 〈포스트 음악극 시〉에서 나에게 중요한 지점은 사운드로 내러티브를 만든다는 것이었다.

소리를 통한 내러티브의 전달은 나도 흥미로웠다. 〈포스트 음악극 시〉는 언어 이전의 소리가 교회의 성가, 다성 음악을 지나 현대 오페라로 발전하는 여정을 다룬다. 이아람하고 함께 작업한 〈네우마와 정간보〉도 비슷한 내러티브가 읽힌다. 조은희라는 음악가에게는 소리가 어떻게 발생하고 어디로 가고 있는지를 묻는 질문이 중요하다는 느낌을 받았다.

맞다. 계속 질문을 던지고 있다. 이미 완성된 장르로서 오페라나 뮤지컬을 완성도 있게 만드는 사람은 많다. 그런 사람들하고 다르게 예술가로서 내가 할 수 있는 일은 계속 질문을

♪ 특정한 이야기나 주제를 표현한 음악을 말한다. 낭만주의 이후에 크게 발전했다. 반대 개념으로 절대 음악이 있다.

♬ 다양한 예술 장르가 유기적으로 결합된 공연 예술 형태를 말한다. 19세기 독일 작곡가 리하르트 바그너(Richard Wagner)가 오페라에서 시도한 음악, 시각 예술, 문학, 무용 등을 결합시킨 종합 예술(Gesamtkunstwerk)을 뿌리로 한다.

던지는 거라고 생각한다. 〈네우마와 정간보〉 작업을 할 때는
1800년에 우리나라에서 이런 노래가 불릴 때 유럽에서는
또 어떤 노래가 불린 건지 비교한 뒤 그 결과를 바탕으로 작
품을 만들었는데, 꽤 재미있었다.

다시 질문 방향을 바꿔 보자. 전자 음악가로서 많은 툴과 기술을 연마해 왔다. 음악가로서 테크놀로지를 바라보는 관점이 궁금하다.

옛날에는 테크놀로지가 뭔가 나를 더 확장시켜 주고 새로운 걸
만들어 줄 수 있다고 생각했는데, 지금은 큰 환상은 없다. 예
를 들어 내가 사용하는 컴퓨터 기술이 공연을 만들 때 조명
을 다루는 기술에 비교할 때 더 대단한 기술이라고 생각하
지 않는다. 어쨌든 나는 좋은 음악을 만들고 싶은 거고, 거기
에 필요한 기술이 있고, 또 그 기술도 종류가 너무 많은데,
그중에 내가 필요한 걸 쓰는 거다. 테크놀로지에 더 많은 관
심을 가지고 거기서 새로움을 찾는 사람들도 있는데, 개인
적으로는 기술을 사용하더라도 작품에서 너무 전면에 드러
나지 않는 걸 좋아한다. 첨단 기술을 활용하더라도 작품 자
체에서는 기술이 앞에 보이지 않는 그런 작업들이 좋다.

테크놀로지는 예술가에게 많은 선택지를 주지만 자유도가 늘

어날수록 창작은 더 어려워진다고 생각한다. 식당에서 고를 수 있는 메뉴가 너무 많으면 뭘 먹을지 고민이 되지 않는가. 조은희에게는 서양의 화성법부터 필드 레코딩, 컴퓨터로 만든 노이즈까지 정말 많은 메뉴가 있어 보이는데, 음악을 만들 때 그래서 생기는 어려움은 없나?

20대 때는 내 팔레트에 몇 개밖에 물감이 없었다. 나에게 물감이 많으면 그걸로 원하는 거를 더 자유롭게 표현할 수 있다고 믿었고, 그걸 수집하는 작업을 20대, 30대에 꾸준히 해온 것 같다. 지금은 내가 뭔가를 하고 싶다는 것이 분명하게 있으면 그 안에서 자유롭게 꺼내 쓸 수 있다. 모든 기술을 다 사용하는 건 아니고, 실제 작업에서는 어떤 제한을 둘 때 그 안에서 더 실험적이고 자유로운 결과가 나온다고 생각한다. 그래서 작업의 콘셉트와 아이디어, 리서치를 중요하게 생각한다.

작곡가들이 무대에 직접 오르는 경우가 많지는 않은데 조은희는 늘 무대에서 연주를 한다. 무대에 애정이 있는 건가?

어쨌든 내 기획이면 내가 해야 한다고 생각했는데, 최근에는 어떤 환경을 만들어 주는 것도 내 작업이라는 생각이 들어서 꼭 내가 연주해야 한다는 마음을 덜 먹게 되는 것 같다.

공연장에서 컴퓨터 앞에 있을 때는 주로 어떤 일을 하나?

소리를 들으면서 실시간으로 변화를 준다. 미리 만든 여러 사운드 재료를 그 시간의 흐름과 분위기 안에서 믹싱하고 요리한다. 공연할 때는 그래서 그런지 완성도를 위해 프리 프로덕션을 많이 하기보다는 현장에서 일어나는 즉흥적이고 실험적인 변화를 더 좋아한다.

조은희의 작업물은 현재 '컨템퍼러리 아트'라는 카테고리로 소개되고 있다. 동시대성이라는 말을 어떻게 소화하고 있나?

컨템퍼러리한 작품을 만들려고 지향하는 사람인 것 같기는 하다. 다만 예전에는 소리나 음악 측면에서 컨템퍼러리를 고민했다면, 최근에는 시대나 사회적 이슈들에 관련해 고민하게 된다. 어쨌든 지금 우리가 할 수 있는 걸 해야 한다고 생각하다 보니까 나에게는 동시대성이 중요한 이슈다.

동시대, 현시점에서 조은희가 가장 중요하다고 생각하는 소리가 있는가?

특정 소리보다는 서로의 소리를 듣고 소통하는 것이 중요한 것 같다. 예를 들어 내가 함께 작업한 김보라나 이아람은 전통음악인이지만 컨템퍼러리를 지향하는 사람이고, 우리는 함께 만나서 음악을 하고 있다. 각자 전문 분야는 다를지 몰라도 우리가 한국에서 태어나고 자라면서 듣고 체화한 공통된 지점들이 있고 다른 지점들도 있다. 그런 배경을 이해하고 소통하는 것이 중요한 것 같다.

조은희의 무의식을 수음할 수 있는 가상의 마이크가 있다면 어떤 소리가 녹음될 것 같나?

어떤 말인지는 상상하기 쉽지는 않지만, 내 목소리가 녹음될 것 같다. 컴퓨터로 소리를 합성하는 기술을 배울 때, 사람 목소리만은 완벽하게 창조해 내기 어렵다고 배웠다. 그래서 그런지 내 작업에서는 인간의 목소리가 빼놓을 수 없는 중요한 테마다.

남메아리

그 울림 자체가 좋아서
음악을 하는 거다

경상북도 경산시에서 교회 반주자로 10대를 보낸 뒤 클래식 피아노를 공부했지만, 운명처럼 블루스를 만나 재즈 피아니스트의 길로 접어들었다. 호원대학교 실용음악과와 미국 버클리 음악대학교를 졸업했다. 유학 시절 아프리카계 미국인 교회에서 반주자로 일하면서 현지 뮤지션들하고 함께 다양한 무대에 올랐으며, 2011년에는 퀸시 존스가 초대해 '몽트뢰 재즈 페스티벌'에 참가하기도 했다. 2015년 1집 《Echo》, 2021년 2집 《House on the Rock》을 발표하면서 뛰어난 연주력과 독보적 감성을 인정받았다. 솔로 작업 말고도 기타, 베이스, 드럼, 피아노로 구성된 '남메아리 밴드'를 이끌며 정규 앨범 두 장을 발표했다. 이적, 선우정아, 정원영밴드 등 한국을 대표하는 대중음악가들의 건반 세션으로 활약 중이기도 하다. 두터우면서도 따뜻한 울림이 있는 소리를 들려준다.

요즘은 어떤 음악을 듣고 사는가?

음악을 잡식으로 듣는다. 책 보다가 누구 이름이 나오면 그 사람 앨범을 막 찾아보다가, 갑자기 또 초창기 재즈 음악이 궁금해서 스캇 조플린(Scott Joplin)을 찾아 듣거나, 그런 식이다.

그럼 최근에 듣는 소리보다 좀더 과거로 가서 잊을 수 없는 소리 경험이 있다면 몇 가지 말해 줄 수 있을까?

이런저런 앨범을 듣다가도 결국 돌아가게 되는 앨범이 있다. 나에게는 셀로니어스 몽크(Thelonios Monk)와 스티비 원더(Stevie wonder)다. 특히 스티비 원더의 〈파워 플라워(Power Flower)〉라는 곡이 그렇다. 나도 왜 항상 거기로 돌아가게 되는지는 잘 모르겠다.

그 음악이 구체적으로 어떻게 특별한가? 멜로디? 화성? 녹음될 때의 질감? 여러 가지가 있을 텐데.

나에게는 울림인 거 같다. 어떤 곡 자체가 가진 울림. 그게 뭘까 계속 궁금해하면서 돌아가는 것 같다. 내가 녹음한 곡 중에 〈쉬즈 가러 해브 잇(She's Gotta Have It)〉이 있는데, 그게 영화 제목을 그대로 따온 거다. 그 영화의 사운드트랙에 뭐랄까 고향을 그리워하는 정서가 있는데, 도대체 그 소리의 출처가 뭐길래 나에게 계속 이런 울림을 주는 걸까 하는 생각이 들었다. 내 음악을 들을 때도 사람들이 그런 느낌을 받으면 좋겠다.

처음 악기를 시작한 건 언제인가?

엄마가 피아노 학원을 하셔서 자연스럽게 네 살 때부터 피아노를 접했다. 작은 업라이트 피아노 위에 올라가 뛰어내리고 넘어 다니고 그렇게 악기랑 친해졌다.

악기랑 놀다니, 배우는 데 큰 스트레스를 받지는 않은 모양이다. 어릴 때 피아노 학원에 잠깐 다녔는데, 악기를 발로 차면서 정말 하기 싫어했다.

배울 때는 나도 엄마한테 자로 맞으면서 배우기는 했지만, 지나고 보니 그것도 감사하다. 연습을 다 끝내야만 놀 수가 있었는데, 빨리 놀고 싶어서 울면서 치던 기억이 난다.

그러면 악기가 정말 싫어질 수도 있지 않나? 악기를 좋아하게 된 어떤 순간을 기억하는가?

♪　스파이크 리 감독이 처음으로 찍은 장편 영화 〈그녀는 그것을 좋아해(She's Gotta Have It)〉(1986)를 가리킨다.

중간에 악기를 바꾼 적이 있는데, 그게 계기인 것 같다. 피아노 하다가 싫어져서 바이올린으로 바꿨는데, 그렇게 한 3년 피아노를 안 치다 다시 칠 때 재미가 붙었다. 운 좋게 음악 대학에 들어가게 됐고, 거기에서 배운 레슨은 질이 달랐다. 동네 구멍가게 같은 곳에서 배우다가 좋은 선생님들에게 피아노를 배우니까 정말 다르고 재미있었다. 그때부터 연습을 제대로 열심히 한 것 같다.

그런데 좋아하던 클래식 연주에서 재즈로 방향을 바꿨다. 재즈를 만나게 된 이야기가 궁금하다.

내가 손이 작다 보니 클래식 연주가 힘든 게 있었다. 옥타브 잡는 것도 남들에게는 쉬운데 나는 힘들었다. 그러다 보니 결국 그만둔 거 같다. 그 뒤 교회 반주자로 활동했는데, 그걸 좀더 잘해 보고 싶어서 실용 음악 학원을 다녔다. 버스를 한 시간 반 타고 시내로 나가야 했는데, 그곳에서 블루스를 배웠다. 그렇게 시작됐다.

블루스나 재즈를 접하면서 그전에 배운 피아노하고는 다른 매력이나 재미를 느꼈나?

그것도 역시 울림인데, 코드의 울림이 좋았다. 메이저면 메이저의 울림, 도미넌트면 도미넌트의 울림. 블루 노트라고 하는 그 음도 얘는 뭐길래 왜 이런 느낌을 줄까 하면서 되게 신비롭게 생각한 것 같다. 사실 지금도 그렇다.

가장 매력적이라고 느끼는 코드가 있다면?

도미넌트 세븐. 1, 3, 5, 7만 딱 짚는 정직한 도미넌트 코드를 가장 좋아한다.

재즈에서 사용하는 음악 이론도 결국 클래식에서 온 것이라는 말이 있다. 클래식에서 재즈로 방향을 바꿀 때 어떤 차이를 느꼈나?

근본적으로는 같은 언어라고 생각한다. 차이는 리듬인 것 같다. 같은 음을 쓰지만 그 사이를 어떻게 다루느냐에 따라서 장르가 만들어진다고 생각한다. 각 장르가 가진 고유한 역사 같은 것에서도 차이가 있고.

미국 유학을 다녀왔다. 자료를 찾아보면 유학 시절에 아프리카

♪　음계의 다섯 번째 음을 근음으로 해 3도 간격으로 쌓은 화음. 딸림화음이라고 부르기도 한다. 클래식에서는 3화음 도미넌트도 많이 쓰지만 재즈는 7음을 추가한 도미넌트 세븐을 주로 쓴다. 불안함을 조성하는 코드로, 으뜸음으로 해결되기를 바라는 성질이 있다. 도미넌트에서 으뜸음(토닉)으로 복귀하는 음의 움직임을 도미넌트 모션이라 하며, 이때 조성이 형성된다고 말한다.

♬　블루스 스케일에서 가장 특징적인 음. 단3도, 감5도, 단7도 음을 말한다.

계 교회에서 반주한 경험이 꼭 등장한다. 뭔가 비범한 유학 생활을 보낸 듯한데, 그때 이야기를 듣고 싶다.

유학생 시절 돈도 벌어야 해서 교회 반주를 소개받았는데, 그게 나이지리아인 교회였다. 연주를 하러 가니까 나랑 드러머밖에 없었다. 심지어 악보도 없었다. 노래하는 사람이 뭘 부르면 내가 작곡을 하면서 연주를 해야 했다. 재즈 같은 노래도 아니고 간단한 화성 안에서 해결되는 곡인데, 거기에서 연주하면서 리듬에 관해 많이 배웠다. 그런 연주에서 사실 악보 같은 건 좀 부차적이다. 내가 다닌 교회는 막 누구 생일이라 그러면 교인 전체가 나와서 원을 그리면서 도는데, 그렇게 예배가 세 시간을 넘어가기도 했다. 이 사람들에게는 정말 자연스럽게 춤과 노래가 남아 있더라. 그때 많이 배웠다.

교회 반주 말고 또 다른 인상 깊은 유학 시절 소리 경험은?

내가 원래 흑인 음악을 많이 좋아해서 그때 학교 밖으로 돌아다니면서 그 지역 흑인 아저씨들이랑 긱(gig)을 하고 다녔다. 그 아저씨들이 뽑는 공연 목록이 다 1960년대와 1970년대 음악들인데, 정말 처음 들어보는, 진짜 그 사람들만 아는 그런 음악이었다. 그런 음악들 카피하면서 같이 연주한 경험이 정말 좋았다.

실제로 남메아리 음반을 들어보면 흑인 음악 정서가 강하게 느껴진다. 스스로 흑인 음악이 음악적 뿌리라고 생각하는가? 아니면 음악에 인종 개념을 들이대는 방식을 이상하다고 느끼나?

재즈 자체가 미국 흑인들의 음악이긴 하니까 그런 부분이 있을 거다. 사실 그 부분에 있어서 좀 양가감정이 있는 것 같긴 하다. 내가 진짜 나의 블루스를 하는 건지 아니면 그냥 흉내 내는 사람 중에 하나인지 고민을 하게 된다. 어쨌든 나는 한국 전통 음악을 하는 게 아니고 내가 들어온 음악으로 공부를 하는 거니까 이걸 자연스럽게 하려면 어떻게 해야 하나 고민이 되는 거다.

근데 뭐 마일스 데이비스도 태생이 부자여서 사람들에게 부자는 블루스를 할 수 없다는 이야기를 듣곤 했는데 너무 멋지게 해냈지 않나. 그런 데서 용기를 얻곤 하다. 한국인이고 아시아인이지만 이 장르 안에서도 내가 할 수 있는 게 있지 않을까.

 무대 공연을 뜻하는 영어 슬랭이다. 원래 임시직 일자리를 뜻하는데, 1920년대 미국 재즈 클럽에서 단기 연주자를 섭외해 공연한 관행에서 음악계 속어로 자리 잡았다. 오늘날에도 보통 캐주얼한 클럽이나 펍에서 하는 재즈 공연을 뜻한다.

블루스 곡을 많이 발표했다. 남메아리를 한국 최고의 블루스 피아니스트라고 꼽는 사람도 있다. 동의하는가?

동의를 할 것 같나?

블루스를 음악 이론으로 접근하면 1, 4, 5도 도미넌트 코드를 사용하는 12마디 구성의 음악, 뭐 이런 이야기를 처음 배우게 되는데, 실생활에서 블루스라는 말은 그런 개념보다 훨씬 넓게 통용되기도 한다. 드라마나 영화 제목으로 많이 쓰이기도 하고. 남메아리에게 블루스는 어떤 의미를 지니는지 궁금하다.

나로서는 대답하기 너무 어려운 질문이다. 이제 내가 가지고 있다고 생각하면 또 멀어지는……그런 느낌이다. 사실 블루스 음계를 쓰는 건 어렵지 않은데, 자꾸만 자연스럽지 않다는 생각이 들어서 어려워진다. 내가 거기서 태어나지 않은 사람이고 길거리에서 배우지 않은 사람이기 때문에, 어릴 때부터 노래로 블루스를 접하지 못한 사람이기 때문에 따라잡을 수 없는 환경적 요인이 있다고 생각한다. 거기에서 오는 부자연스러움이 스스로 용납이 잘 안 될 때가 있다. 연주를 모니터링해 보면 좋은 부분도 당연히 많은데, 나만 아는 그런 부자연스러움을 어떻게 해결할지 항상 고민한다.

그런 고민을 하다 보면 이건 나에게 맞지 않는구나 하고 다른 길을 찾을 수도 있을 텐데, 계속 그걸 붙잡고 있는 것은 순수한 애정 때문인가?

그렇다. 연습할 때 행복하고 그래서 하는 것 같다.

남메아리 1집에서 녹음한 블루스와 얼마 전에 발표한 남메아리 밴드 2집에 실린 블루스는 어떻게 다른가?

확실히 연주가 편해졌다. 1집 때 녹음한 곡들은 한 곡을 위해 1년 반에서 2년을 연습했다. 그때는 내가 늘 준비가 안 돼 있다고 생각해서 두려웠는데, 지금은 옆에 피아노가 있으면 언제든지 칠 수 있게 됐다. 그것만 해도 나에게는 큰 의미다.

다음 주제는 즉흥 연주다. 즉흥 연주는 재즈에서 정말 중요한 요소다. 사실상 연주자마다 독특한 해석을 담은 즉흥 연주를 감상하는 것이 재즈를 듣는 이유라고 할 수도 있을 텐데, 즉흥 연주에서 남메리아가 가장 중요하게 생각하는 것은 무엇인가?

노래하듯 연주하는 걸 가장 중요하게 생각한다. 근데 노래는 기본적으로 말이어서, 그 말에 소울(soul)이 담겨 있는지 아닌지가 느껴진다. 연주자들마다 많이 와본 길, 편안한 길이 자기한테 다 있는데, 그 길을 영혼 없이 가고 있을 때 매너

리즘처럼 들린다. 어제 간 길이라도 오늘 또 소중하게 다뤄야 되는데, 인간이니까 이게 잘 안 된다. 정말 하나하나 소중하게 다뤄야 한다.

즉흥 연주 중에 머릿속으로 계속 생각을 하는 편인가?

녹음인지, 공연인지, 솔로인지, 밴드인지에 따라 좀 다른 거 같기는 한데, 사실 생각을 안 하는 게 가장 좋은 연주일 것 같다. 준비가 안 돼 있으면 자꾸 생각이 많아진다.

재즈에 틀린 음이란 없다는 유명한 말이 있는데, 동의하는가?

틀린 음은 없지만 (알)맞은 음은 있을 것이다.

보통 틀린 음이라는 게 조성에서 벗어난 음을 말하는데, 클래식 역사에서도 조성을 넘어서려는 시도가 다양하게 있었다. 남메아리의 〈Dusk〉 시리즈를 들을 때도 뭔가 이 곡을 조성으로 분석하는 건 별 의미가 없다는 느낌을 받았다. 현대 음악과 아방가르드한 재즈가 공유하는 지점도 많은 것 같다. 조성은 얼마큼 중요하게 생각하는가?

아웃사이드 솔로를 할 때 돌아가야 할 조성을 중요하게 생각하기는 한다. 정말 자유로운 현대 음악 즉흥 같은 경우는 몇 번 공연을 보러 간 적도 있지만, 내가 직접 그렇게 하고 싶다는 마음까지는 들지 않았다. 다만 〈Dusk〉 시리즈를 녹음할 때는 아예 조성을 생각하지 않은 것 같다. 근데 하고 보니 길이 만들어진 경우다. 그런 건 정말 로또처럼 다가온다. 막상 그렇게 한번 하면 다음번에 잘 안 된다. 내가 생각 없이 한 그 연주를 다시 카피하려고 해서 막히는 거다. 그럼 또 그거를 깨려고 노력하고 그러는 과정에서 실력이 느는 것 같다.

다음은 피아노 소리에 관한 질문이다. 사실 피아노는 그냥 누르면 소리가 나는 악기이고 전기 회로를 통하는 악기도 아니라서 거기에서 톤을 만든다는 게 뭔지 이해가 어려운 구석이 있다. 연주자로서 좋은 피아노 톤이란 뭐라고 생각하나?
같은 피아노를 갖다 놓고 같은 곡을 여러 사람이 쳐보면 톤이 확 드러난다. 내 기준으로 좋은 피아노 소리는 따뜻하고, 단단하고, 두텁고, 그러면서 테크닉적으로 다이내믹을 다 표현할 수 있는 소리다. 질문한 것처럼 피아노는 건드리기만 해도 소리가 나는 악기이기 때문에 소리가 발생하는 과정에서 벌어지는 일들에 관해 생각을 잘 안 하게 되는 경우가 많다. 레슨 현장에서도 그 부분을 중요하게 강조한다.

그 좋은 소리를 내는 연습법 같은 게 있을까?

일단 클래식적으로 접근하는 게 맞다. 그다음에 도 하나를 잘 내기 위해 이런저런 방법을 써보는 거다. 인상도 써보고, 내 몸에서 할 수 있는 걸 짜내 보면서 어떤 게 도움이 되는지 찾아보는 거다.

그 접근은 디지털 피아노가 아니라 진짜 어쿠스틱 피아노에 해당하는 말인가?

되게 핵심적인 질문이다. 연습실 환경이 다르기 때문에 그렇기도 하겠지만, 요즘은 다 키보드로 연주를 해서 누가 만들어 준 소리를 내가 그냥 치는 경우가 많다. 그러다 보니 자기 톤을 만들어 가는 과정을 놓칠 수도 있고, 서스테인 페달을 사용하는 감각도 둔해질 수 있다. 그러다 보니 자기 톤이 안 생긴다. 그래서 시작은 어쿠스틱이어야 한다고 생각한다. 그 울림을 스스로 느끼면서 만들어야 한다. 어떤 연주자들은 어쿠스틱 피아노가 부담스러워서 좋은 피아노가 옆에 있는데도 키보드만으로 녹음하는 경우도 있다고 들었다.

피아노는 사실 굉장히 역사도 오래되고 악기 자체의 제한도 분명하다. 옥타브 안에 있는 12개 음이 분명하게 조율돼 있어서 현악기처럼 미분음을 지나갈 수도 없다. 그 고전적인 형태 안에서 피아노가 남메아리에게 주는 매력이 있는가?

사실 나에게는 피아노보다는 음악이 주는 매력이 더 중요하다. 정말 좋은 공연을 볼 때면 나를 다 잊게 되고, 그 멜로디를 쫓아 어딘가로 떠나는 경험을 하게 되는데, 그런 게 참 좋다. 그 멜로디에 사로잡혀서 내 마음이 어디로 가 닿을 때 느끼는 행복감 때문에 공연을 보는 걸 좋아하고, 내 연주도 그 순간을 만들어 내기를 원한다. 그 순간을 위해서 계속 연습을 하는 거 같다.

혹시 정말 싫어하는 소리도 있는가?

칠판 긁는 소리, 브레이크 잡을 때 나는 끼익하는 소리. 귀를 피로하게 만드는 그런 소리는 싫어한다. 핸드폰 통화 소리도 귀가 힘들어서 자제하는 편이다.

다음은 시대에 관한 질문이다. 장르 음악이 지닌 특성상 과거 어떤 시대의 음악을 배우고 카피하는 훈련을 많이 받는다. 그런데 과거의 소리를 똑같이 재현하는 행위에 관해서는 현재의 연주자마다 부여하는 의미가 다를 것 같다. 음악에서 1930년대와 1940년대 재즈 같은 소리가 난다고 하면 누군가에게는 대단한 칭찬이고 누군가에게는 커다란 모욕일 수도 있지 않을까. 남메아리에게 과거의 음악, 유산이란 어떤 의미인가?

하늘 아래 새로운 것이 없다는 말이 있는데, 나는 어떤 천재적인 사람이 돼서 그런 금기를 깨고 새로움을 제시하고 싶은 욕심은 없다. 어차피 내가 하는 음악은 빌려 온 것이고, 나는 그 울림 자체가 좋아서 음악을 하는 거다. 내가 그 블루스의 자연스러움을 이번 생에서 한 번이라도 해낼 수만 있으면 바라는 게 없다. 음악 스타일 면에서 보면 내 것을 정립하려면 과거의 음악을 공부하는 것이 중요하다고 생각한다. 예를 들어 비밥(bee-bop) 언어를 구사하지 않으려면 비밥을 먼저 경험해 봐야 한다고 생각한다.

과거 중에서도 남메아리에게 특별히 중요한 시대 또는 장소가 있는가?

뉴올리언스 출신인 제임스 부커(James Booker)라는 뮤지션이 있다. 1939년에 태어난 사람인데, 그 사람이 치는 피아노 소리를 좋아한다. 실제로 그 사람 스타일을 많이 흉내 내기도 한다. 타임머신이 있다면 그 사람이 활동하던 그때의 뉴올리언스에 꼭 가보고 싶다.

마지막은 상상력이 필요한 질문이다. 어떤 사람의 무의식이 내는 가장 중요한 소리를 녹음할 수 있는 마이크가 있다면 어떤 소리가 녹음 될 것 같은가?

야외에 있는 넓은 무대에서 울리는 노래 소리라면 좋겠다. 마이
크나 스피커가 없어도 그것 자체로 너무 아름다운 울림.

유홍

어떻게 조율하고
어울릴 것인가

어린 시절부터 클래식 기타를 전공했지만 공연장에서 대금 독주 〈청성곡〉을 만난 뒤 대금 연주자의 길을 택했다. 국립국악고등학교와 서울대학교 음악대학 국악과를 졸업한 뒤, 영국 런던대학교 동양아프리카학 대학(SOAS) 민족음악학과를 졸업했다. 2010년부터 독일 베를린에 자리를 잡고 아시안아트 앙상블(Asian Art Ensembel), 앙상블 엑스트락테(Ensemble Extrakte)의 멤버로 활동하며 유럽의 현대 음악 신에서 다양한 연주 활동을 펼쳤다. 지금은 관악기를 중심으로 한 크리에이티브 예술 단체 아우프윈드(Aufwind)의 예술감독과 솔로이스트 앙상블 왓와이아트(What Why Art)의 음악감독, 한국즉흥음악축제의 예술감독을 맡고 있다. 독일 현대음악비평가상과 사야국악상을 받았다.

유년기에는 어떤 소리들을 듣고 자랐나?

피아노 소리를 가장 많이 듣고 자랐다. 어릴 때부터 피아노를 배우기는 했지만, 누나가 훨씬 먼저 시작해서 늘 피아노 소리가 있었다. 가장 음악적으로 기억에 남는 소리라면 클래식 기타 소리다. 초등학교 4학년 때부터 클래식 기타를 계속 쳤고, 중학교 때까지 전공으로 공부했다. 피아노 소리가 어릴 적에 익숙하게 들은 소리라면, 클래식 기타는 청소년기에 많이 들은 소리다.

서양 클래식 악기를 전공할 준비까지 하다가 지금은 대금 연주자로 활동한다. 변화하게 된 사연이 궁금하다.

우연한 계기였다. 중학생 때 누나가 피아노에서 가야금으로 악기를 바꿨다. 나는 여전히 클래식 기타를 배우고 있었는데, 부모님께서 클래식 기타보다는 국악을 하는 게 장기적으로 더 유리하지 않겠냐고 권유하셨다. 그때 나는 이미 클래식 기타로 스페인에 유학을 떠날 준비까지 하고 있었고, 이 악기를 정말 사랑하는데 갑자기 전혀 다른 분야로 바꾸라 하시니 강한 반발심을 느꼈다. 부모님이 그러면 국악 공연을 한 번 관람하자고 하셨고, 공연 보는 것 자체는 늘 좋아해서 일단 가서 보기로 했다. 그 공연에서 〈청성곡〉 대금 독주를 듣고 큰 충격을 받았다. 클래식 기타하고 완전히 다른 소리였고, 그 소리가 내 마음에 깊이 와닿았다. 그 순간 '이걸 해야겠다'는 생각이 들었고, 곧바로 대금 공부를 시작했다. 그렇게 갑작스럽게 전통 음악의 길로 들어서게 됐다.

다음 질문은 유홍의 삶에서 마주한 기억에 남는 소리인데, 벌써 하나가 나온 것 같다. 대금으로 전향한 뒤 한국과 영국에서 공부하고 독일에서 활동했다. 그런 과정에서 기억에 남을 만한 소리 경험은 없었나?

대금 소리를 처음 들을 때 받은 충격에 견줄 만한 소리를 꼽기는 어렵다. 그래도 내 음악 여정에서 인상 깊은 순간을 하나 꼽자면, 독일에서 연주 생활을 시작하면서 서양 클래식 악기하고 여러 나라 전통 악기들이 어우러져 만들어 내는 소리를 들은 때가 기억에 남는다. 그 순간에 들은 소리는 마치 음악적 경계를 넘어서는 듯한 감동을 줬다.

전통 음악으로 음반도 발표했지만, 유홍의 음악에서 현대 음악을 빼놓을 수는 없을 것 같다. 가장 최근에 열린 연주회 '뉴

♪   대금이나 단소 독주곡. 〈청성자진한잎〉이라 부르기도 한다. '청성(淸聲)'은 음이 높다는 뜻이고, '자진한잎'은 노래곡인 가곡을 뜻하는 '삭대엽(數大葉)'의 우리말이다. 가곡의 반주 선율을 노래 없이 높게 변주해 연주하기 때문에 붙은 이름이다.

모멘텀'의 프로그램 설명에서도 '순수 현대 음악의 가능성'이라는 말을 읽었다. 전통 음악을 공부하다가 현대 음악하고 관계를 맺게 된 사연이 궁금하다.**

외국에 나가기 전까지는 현대 음악에 관한 이해도가 높지 않았다. 독일에서 활동을 시작할 때 첫째 목적은 한국의 전통 음악가로서 유럽에서 연주 활동을 할 가능성을 타진해 보는 것이었다. 그런 과정에서 현대 음악을 접했고, 점점 빠져들게 됐다. 전통 음악에는 지켜야 하는 구조와 울타리가 있다면, 현대 음악은 그 울타리를 자유롭게 마음껏 운용할 수 있다. 현대 음악을 하면서 대금이라는 악기에서도 더 많은 소리를 발견할 수 있었고, 운용할 수 있는 소리의 스펙트럼이 엄청나게 넓어졌다. 자연히 상상력도 증폭됐다. 그 결과 현대 음악에 빠져들게 됐다.

서양에서 발전한 현대 음악의 역사를 보면 초기에는 오케스트라 악기 중심으로 작곡되다가 점점 세계 전통 악기로 관심이 확장되는 경향을 발견할 수 있다. 유홍이 경험한 현대 음악의 장에서 한국 전통 악기, 특히 대금 연주자이기 때문에 할 수 있는 고유한 뭔가가 있었나?

대금을 연주하는 전통 예술가로서 말씀드리자면, 대금을 만드는 자연 재료에서 나오는 에너지가 분명한 차별점이 있다.

서양 악기 발전사를 보면 깨끗하고 분명한 화성을 내기 편한 방향으로 엄청난 진전을 달성했다. 반면 한국 전통 악기는 원형을 그대로 유지하고 있어서 소리를 대하는 감각과 연주에 접근하는 태도가 다르다. 예를 들어 서양 악기는 깔끔한 소리를 내도록 발전했는데, 그런 악기로 다시 노이즈를 내기 위해 애를 쓴다. 반면 대금을 포함한 우리 전통 악기에는 이미 자연에서 온 소리, 클래식의 관점에서 노이즈라 할 만한 소리들이 많이 포함돼 있다. 오선보하고는 표기법이 다른 악기라는 것도 강점이 될 수 있다. 물론 전통 악기 연주자들이 더 고민하고 노력해야 하는 부분이 많겠지만, 분명하고 차별화된 강점이 있기 때문에 현대 음악에서 전통 악기가 할 수 있는 일들이 많고 좋은 음악을 만들어 낼 가능성도 크다고 본다.

유럽에 익숙하지 않은 아시아권 악기가 소개될 때 독특한 음색만으로 소비되는 것에 대한 경계는 없었나?

그런 염려는 크게 느끼지 못했다. 운이 좋다고 해야 할까. 아마 내가 속한 분야가 현대 음악이기 때문인 듯하다. 전통 악기가 일시적인 유행처럼 급부상하다가 사라지는 현상도 대중 음악에서 더 자주 발생할 수 있다. 나랑 협업한 음악가 대부분은 대금을 단순히 특이한 음색으로 보지 않고 순수 예술의 한 형태로 접근했다. 어쩌면 내가 활동한 독일이 지닌 특성일 수도 있다. 나도 대금을 연주할 때 이 악기의 고유성을 중요하게 여기면서도 좀더 보편적으로 공유할 수 있는 주제와 음악을 표현하려고 노력한다.

아시안아트 앙상블 멤버로 활동하고 있다. 유럽에서 아시아 악기를 연주하는 사람들이 모인다는 건 어떤 의미인가?

2009년 아시안아트 앙상블을 만난 건 나에게 큰 행운이었다. 거기에 속한 다른 멤버들은 나보다 훨씬 먼저 유럽에서 연주 생활을 시작한 이들이다. 우웨이(Wu Wei)라는 중국 연주자는 나보다 8년 먼저 유럽에서 활동을 시작했는데, 레퍼토리도 풍부하고 매우 활발하게 활동하고 있었다. 그 멤버들의 존재가 나에게는 좋은 선례이자 안도감을 줬다. 중국과 일본 연주자들이 모두 훌륭하게 활동하고 있는 모습을 보면서, 한국 연주자도 충분히 성공할 수 있다고 확신하게 됐다. 나만 열심히 노력하면 된다는 자신감을 갖게 됐다.

보통 서양 음악사 책을 보면 현대 음악은 마지막 장에서 짧게 소개되고 끝이 난다. 그전까지 어떤 굵직한 사조들이 등장하고 경쟁하고 사라지다가 현대 음악에 이르러 '모든 것이 가능해진 시대'라는 식으로 마무리되는데, 그 뒤에 실제 음

악 현장에서는 어떤 일들이 벌어지고 있을지 늘 궁금했다. 동시대 유럽의 현대 음악 신에서 느낀 어떤 경향이 있는가?

현재는 어떤 큰 흐름이나 사조보다 개인의 특징, 한 사람의 고유성을 가장 귀하게 여기고 관심을 기울이는 경향이 있다고 생각한다. 음악가들도 저마다 독립적인 캐릭터를 형성하고 선보이는 느낌이다. 이런 경향은 특정 그룹이나 사조로 묶이면 오히려 더 마이너스가 되는 현상을 초래하는 것 같다. 음악 스타일에서는 깊고 추상적인 요소들에서 다시 멜로디, 그리고 관객 소통을 중시하는 변화 또한 간간이 관찰된다.

최근에 연 공연 제목이 '뉴 모멘텀'이었다. 사실 요즘에는 어떤 음악도 근본적으로 새롭다고 주장하기 쉽지 않아 보이는데, 유홍에게 새롭다는 건 무엇인가?

사실 내가 내 음악을 스스로 새로운 음악이라고 한 적은 없다. 2013년에 한국에서 첫 독주회를 했는데, 그 공연 제목이 '모멘텀'이었다. 이제 그 뒤 10년이 지나 그동안 한 활동에서 의미 있는 작품들을 선별해 다시 올린 공연이어서 제목을 '뉴 모멘텀'으로 지은 거다. 나는 음악을 고민할 때 꼭 새로운 것에 우선순위를 두지는 않는다. 그게 결과적으로 새롭게 보일지언정 새롭다는 것보다는 내가 좋아하는 것, 흥미롭다고 생각하는 것을 더 많이 고민하는 편이다.

유홍의 음악을 소개할 때 새로운 연주법에 관련된 이야기도 많이 나온다. 전통적인 대금 연주법을 벗어나 색다른 시도를 많이 했는데, 그런 것들을 어떻게 찾아 나가고 만드는가?

현대 음악에서 연주하는 다양한 테크닉은 이미 여러 책에 대부분 정리돼 있다. 작곡가들에게도 이런 테크닉은 현재 상당히 보편화돼 있어 악보에도 많이 표기된다. 플루트 연구에서 유래한 테크닉들이지만, 결국 부는 악기라 관악기군에서 구사할 수 있는 테크닉을 배우고 발전시켜 대금에 맞게 응용한 것이 내가 사용하는 현대 음악 연주법이라고 할 수 있다. 다만 그런 과정에서 연주자의 깊은 고민이 필수적이다. 예를 들어 악기 소리를 내다가 바람 소리를 더 많이 낼 때 그걸 영어로 '에어리 사운드(airy sound)'라고 하는데, 대금에는 본래 바람 소리가 내재해 있다. 따라서 대금에서 에어리 사운드는 뭔지, 반대로 그 소리가 배제된 퓨어 사운드(pure sound)는 뭔지 많이 고민했다. 테크닉만 보자면 전통 연주자 중에도 이런 기법을 잘 구사하는 젊은 연주자가 많아졌다. 그러나 국악기로 소화하는 과정에서 대금의 재질, 내경이나 취구의 크기, 청의 존재에 관해 얼마나 고민하느냐에 따라 소리가 지니는 풍성함에서 상당한 차이가 생긴다.

2021년 '리플렉션' 전시 프로그램에서 현대 음악은 작곡가의

아이디어에서 시작돼 연주자의 해석으로 소리가 만들어지고 관객의 상상력으로 완성된다는 이야기를 한 적이 있다. 현대 음악에서 과연 관객이 중요한가를 둘러싼 여러 논쟁이 있는데, 유홍에게는 관객이 중요한가?

관객은 매우 중요한 요소다. 현대 음악이 대중성 측면에서 제한적인 부분이 있다는 걸 잘 이해하고 있다. 그러나 대중성을 추구하지 않더라도 관객 소통은 필수적이라고 생각한다. 음악에서 정확한 마침표를 찍는 것보다 '나는 이렇게 생각하는데 이게 서로 관련이 있는 것 같다'거나 '나는 이 부분을 이렇게 다르게 해석하고 싶다'같이 열린 해석을 가능하게 하는 음악을 만들고 싶다. 관객들이 백 퍼센트 나를 의지하고 따라오는 것만으로 만족하는 게 아니라, 다양한 해석을 통해 각기 다른 결과를 도출하는 작품을 선호한다. 나도 관객들이랑 그런 소통을 하려고 지속적으로 노력하고 있다. 음악 해석에서 명확한 결론을 제시하기보다는 작곡가와 연주자의 의견이 섞이고 관객들이 이걸 자기 이야기로 환원해 소통하는 방식을 선호한다. 내가 깊이 있게 다루고 작업하고 싶은 작곡가들도 이런 맥락 위에 있다.

유홍은 오랫동안 즉흥 음악 공연을 해왔고, 얼마 전부터 한국즉흥음악축제 예술 감독을 맡고 있다. 즉흥 음악에도 장르가

즉흥 음악은 나에게 굉장히 중요하다. 독일에서 처음 활동을 시작할 때 즉흥 음악을 정말 많이 했는데, 내가 연주할 곡이 많지 않기 때문이기도 했지만, 독일, 특히 베를린의 분위기가 즉흥 음악에 아주 열정적이었다. 그 시절에 연주자 간에 서로 반응하고, 상대의 소리를 이해하고, 내 이야기를 하는 훈련을 많이 했다. 즉흥 음악이라고 해서 내가 상상하는 것을 아무거나 연주하는 게 아니다. 의도와 이유가 있어야 한다. 다른 사람의 소리를 듣고 반응하는 순발력이 중요하고, 때로는 인내도 필요하다. 그렇게 음악적으로 매우 다양한 것들을 배우고 표현할 수 있다. 지금도 즉흥을 할 때 많은 것을 배운다. 또한 어떤 설계도가 이미 그려진 게 아니다 보니 늘 기대하게 된다.

다른 사람들이 하는 즉흥 연주를 객석에서 들을 때도 그 연주자의 의도나 반응을 읽는 건가?

그렇다. 내가 연주자로 참여할 때도 좋지만 다른 작품을 듣고 읽어 내는 것도 재미있다. 그런 경험도 예술적으로 큰 만족감을 준다.

관객 역시 연주자의 의도를 저마다의 방식으로 읽어 나가고 반

응할 수 있을 때 재미있는 즉흥 음악 공연이 만들어지는 것 같다. 한국의 즉흥 음악 신도 연주자와 관객 모두 성장하고 있다는 느낌을 받는데, 한국즉흥음악축제의 감독으로서 어떤 목표를 가지고 있나?

내가 중요하게 생각하는 부분은 예술가들 사이에 교류가 일어날 수 있는 플랫폼이다. 전통 음악가와 다양한 예술가들이 자연스럽게 연결되고 축제가 끝난 뒤에도 지속적으로 협업이 이어질 수 있는 환경을 조성하기 위해 노력하고 있다. 실제로 올해 한국즉흥음악축제를 하고 나서 많은 변화를 체감했다. 프린지 무대를 통해 젊은 연주자들이 자기 이야기를 자신감 있게 선보이고 실험하는 환경을 만들어 가고 있다.

내가 바라보는 동시대성은 지금 시대만의 고유함이라기보다는 다른 시대와 배경이 공존하는 시대상이다. 그런 의미에서 전통 악기를 가지고 유럽의 현대 음악 신에서 활동하는 유홍은 존재 자체로 동시대성의 한 단면처럼 보인다.

동시대성은 지금 시대에서 끊임없이 뭔가를 하고 있다는 거다. 전통이라는 건 이 악기가 만들어지고 계속 연주되게 하는 가장 근본적인 요소이지만, 나는 현재를 살아가는 우리가 이 전통을 통해 어떤 역할을 하고 무엇을 전달하며 어떻게 공감할 수 있는지에 관심이 있다.

컨템퍼러리 뮤직이라는 말을 누구보다 많이 고민할 것 같은데, 유홍에게 동시대성이란 무엇인가?

현재의 동시대성은 인류의 보편적 지향으로 해석될 수 있지 않을까 싶다. 서로 다름을 이해하고 함께 화합하는 방법을 모색하는 방향성 말이다. 현대 음악은 이런 가능성을 열어 주는 음악 장르 중 하나라고 생각한다. 우리가 서로 다르다고 해서 반드시 자신을 변화시킬 필요는 없으며, 각자 있는 곳에서 어떻게 조율하고 어울릴지를 고민하면서 예술을 만들어 가는 과정이 중요하다. 그런 의미에서 현대 음악은 동시대 정신을 매우 잘 반영하는 중요한 장르라고 생각한다.

현대 음악에 관한 아주 산뜻한 정리인 것 같다. 나도 공연을 볼 때 현대 음악이 청자에게 그런 고민을 지속하게 만드는 음악이라는 생각을 한 적이 있다. 마지막으로 다시 소리로 돌아가자. 앞에서 유홍이 들은 소리들에 관해 이야기했는데, 그럼 현재 가장 집중해서 내고 싶은 소리가 있는가?

소리가 섞일 때의 스펙트럼에 집중하고 있다. 한 악기 소리가 익숙하지 않은 다른 악기 소리에 섞일 때 그 과정에서 발생하는 미세한 디테일에 집중해 실험해 보고 싶다. 그렇게 만들어지는 소리의 퀄리티를 스스로 확인하고 탐구하고 싶다. 요즘 연주회들을 보면 테크닉은 상당히 발전하는데 소리의 질감을 더욱 풍부하게 만들기 위해 더 많은 연구와 실험이 필요하다고 생각한다. 이 점을 개선하고 싶어 소리에서 더 정교한 질감과 풍부함을 추구하는 작업을 지속적으로 이어 나가고 있다.

'퀄리티 있는 소리'란 무엇인가?

간단하게 예를 들면 서양 현악기는 금속 재질인 현을 사용해 고유의 울림을 만들어 낸다. 단순히 대금을 기존 방식대로 연주하면 그 소리가 잘 어우러지지 않는다. 이런 소리를 융합하려면 연주의 강약이나 볼륨 조절만으로 충분하지 않다. 소리가 만들어 내는 공간감이나 소리의 방향성 등 여러 요소를 고민해야 한다. 이런 다각적인 고민과 탐구를 통해 더 정교하고 풍부한 소리를 찾는 과정이 바로 퀄리티 있는 소리를 만들어 가는 길이라고 생각한다.

마지막 질문이다. 이 인터뷰는 음악가에 관한 필드 레코딩이라는 가정을 한다. 유홍이라는 사람에게 마이크를 대면 어떤 소리가 녹음될까?

대금의 소리, 오선보에서는 파(F) 음이 녹음될 것 같다. 음정으로 유사한 율명은 '태주(太蔟)' 음이다. 그 소리가 나에게는 굉장히 매력적이다.

정상권

음악을 많이 들어야
잘할 수 있다

다른 이름 깐돌(Quandol). 아소토 유니온(Asoto Union)의 퍼커션 세션으로 음악 경력을 시작한 이래 2010년까지 윈디시티(Windy City)의 멤버로 활동했으며, 지금은 워크맨쉽(WRKMS)에서 활동하고 있다. 다이나믹 듀오, 이센스, 이하이, 그레이, 죠지, 신세하 등 흑인 음악을 기반으로 한 다양한 밴드의 세션 연주자로 활약 중이기도 하다. 레게부터 라틴 소울, 힙합, 베이스뮤직에 이르는 다양한 라이브러리를 바탕으로 음악을 트는 디제이로 활동하며 한국의 언더그라운드와 서브컬처에서 벌어지는 많은 이벤트를 함께했다. 요즘에는 공연 기획자와 프로듀서로 활약하기도 한다.

DJKOREA X SSPLWORKZ

퍼커션 연주자이자 디제이, 공연 기획도 하고 음반도 발매하면서 음악에 관련된 여러 가지 일을 하고 있다. 예전 인터뷰에서는 스스로 디제이라고 생각하지 않는다는 말도 했는데, 왜 그런 건가?

예전부터 주변에 취향이 비슷한 사람들끼리 이벤트를 만들어서 음악을 트는 분위기가 있었다. 그때 제안을 받아서 같이 음악을 틀었는데, 하다 보니 생각보다 재미있고 놀러 오는 사람들이나 프로모터들도 관심을 가져 주셔서 고맙게도 지금까지 계속 음악 트는 일을 하게 됐다. 처음에는 내가 전업으로 디제잉만 하지는 않다 보니 디제이라는 타이틀을 붙이기가 부담스러웠다. 지금은 연차가 10년 정도 되니까 부담스럽지 않은데, 이제 와서 굳이 이름에 디제이를 붙일 필요는 없는 것 같다.

이름 앞에 디제이를 붙이는 문제를 고민했나?

그렇다. 요즘은 안 그러는데 예전에는 디제이 활동을 하는 사람들이 활동명 앞에 'DJ'를 붙이는 게 관행이었다.

처음 질문으로 돌아가서 음악에 관련된 다양한 일을 하고 있는데, 스스로 가장 중요하게 생각하는 정체성이 있는가?

포지션 문제보다는 요즘에 연차가 쌓일수록 내 작업물이 더 필요하다는 생각을 하고 있다. 퍼커션 연주자의 특성상 다른 사람들이랑 협업을 많이 한 편인데, 요즘에는 내 밴드를 만들거나 개인 프로듀싱을 하든가 해서 개인 작업을 더 적극적으로 하는 게 중요하다는 생각을 한다.

공통 질문이다. 어떤 소리나 음악을 듣고 자랐나?

어릴 때 부모님이 일을 나가시다 보니 늦은 밤까지 텔레비전 보는 걸 좋아했다. 아버지가 오래된 동네 카바레에서 전기 배선을 관리하는 일을 하셨는데, 우리가 사는 건물도 아버지 직장에서 임대를 해준 공간이었다. 아버지 직장에 워낙 일하는 분들이 많고 연주자들도 많아서 드라마에 나오는 것처럼 많은 사람이 가족 같은 분위기로 지냈다. 가끔 아버지가 일하는 곳으로 놀러 가면 그때 유행한 팝송을 들을 수 있었다.

그 시절에 카바레에서 밴드 공연도 했나?

완전 풀 밴드는 아니었고, 드럼 머신이나 전자 오르간 같은 악기들 연주는 들을 수 있었다. 내가 태어나기 전에는 완전 풀 밴드 공연도 왕성했다고 들었다.

어릴 적 카바레에서 음악을 듣던 사람이 현재는 클럽에서 음악

을 틀고 있다니 뭔가 낭만적이다. 그럼 유년기의 소리 경험에서 좀더 범위를 넓혀서 지금까지 살아오면서 손에 꼽을 만한 소리 경험을 들어 보고 싶다.

첫 번째 기억은 아소토 유니온 공연을 처음 본 때였다. 그때 나는 《MDM》'이라는 음악 매거진의 스트리트팀에서 일하고 있었는데, 잡지 정식 발간 행사 때 압구정 클럽에서 아소토 유니온의 공연을 봤다. 그때 힙합 음악을 좋아했고, 힙합이 소울 펑크 음악을 샘플링해서 만들어진 음악이라는 정도만 알고 있었는데, 아소토 유니온 공연을 보고 엄청난 충격을 받았다. 한국에서도 이런 음악을 하는 사람이 있구나! 그 이후로 공연을 매주 보러 갔다. 그러다 보니 멤버들이랑 친해졌고, 멤버들이 음악도 소개해 주시고 악기 연습을 권유해 주시기도 했다. 그렇게 악기를 시작하게 됐고, 나중에는 윈디시티라는 밴드의 멤버로 함께하게 됐다.

두 번째는 딱 음악적 경험이라기보다는 시각적 경험이기도 한데, 예전에 윈디시티에서 연주를 하다 화이트아웃을 경험했다. 연주 중에 음악이 잘 안 들리고 머릿속이 하얘지는데, 그게 기분이 엄청 좋더라. 윈디시티가 해산을 하고 병역을 하게 되면서 연주 활동을 못 하게 될 때 음악을 접어야 하나 고민을 했는데, 그때 화이트아웃의 기억이 떠오르면서 음악을 계속할 수 있었다. 그 두 가지 경험이 나에게 가장 강렬했다.

그동안 한 활동을 보면 한국의 서브컬처, 언더그라운드 문화가 떠오른다. 내 느낌으로는 그쪽은 홍대 인디 밴드 신하고도 사뭇 다르다. 스스로 어떤 문화에 소속감을 느끼고 있는가?

솔직히 소속감을 느낀 적은 없다. 크게 의식하지도 않은 것 같다. 현재 속해 있는 밴드 워크맨쉽에 일이 들어오는 건 메이저 힙합 그룹들이 많기는 한데, 내 이름을 걸고 하는 활동은 서브컬처나 언더그라운드 쪽 일이 많다. 그 둘을 따로 분리해서 생각해 본 적은 없다. 둘 다 좋다고 생각한다.

한국의 서브컬처 신에 애정이 있는 것은 아닌가?

특별히 애정이 있는 건 아니다. 흥미롭다고 생각하기는 한다. 오랫동안 관계를 맺었지만, 애정보다는 흥미로운 마음을 가지고 있어서 적당한 거리감을 유지한 거 같다.

어떤 게 흥미로운가?

어릴 때는 내 포커스가 항상 해외로 향해 있었다. 언더그라운드든 메이저든 현재 해외에서 어떤 일이 벌어지고 있는지를 계속 의식했다. 그러다 내가 20대 중후반에 그 갭이 많이

♩ 'Monthly Deadly Medley'의 머리글자를 딴 두문자어로, 힙합 등 흑인 음악 전문 월간지의 제호다. 2002년 창간, 2003년 폐간.

줄어드는 걸 관찰했다. 국내 음악 신과 해외 음악 신이 닿을 듯 말 듯한 타이밍으로 비슷비슷하게 돌아가더라. 한국에서 유행하는 음악이나 스타일, 레이블을 운영하는 방식 등이 내가 글로 읽고 유튜브에서 본 해외 사례들이랑 비슷해지고 있다고 느껴지니까 계속 흥미롭게 관찰하게 됐다. 이제는 나도 활동한 지 20년이 넘고, 세대가 바뀌니까 바뀐 세대에서 또 흥미로운 친구들이 나오고 있다. 그런 부분들이 아직은 흥미로운 것 같다.

요즘에 본 흥미로운 사례를 몇 가지만 더 자세하게 이야기해 줄 수 있나?

우선 디제이들이 클럽이랑 협업을 해서 음악을 트는 이벤트가 훨씬 세분화됐다. 그리고 국내 일렉트로닉 뮤직 뮤지션들이 해외 레이블에서 활동하는 사례가 많아진 것 같다. 케이팝만큼의 파급력은 아니지만 유명한 일렉트로닉 뮤직 페스티벌 라인업에서 국내 뮤지션들 이름을 흔히 볼 수 있다. 유명한 채널에 등장하는 한국인이 많아지고, 굳이 한국인이라는 걸 강조하지도 않는다. 이전에는 디제이나 프로듀서들이 모여서 레이블을 만들고 프로모션을 했는데, 지금은 어떤 개인이 해외에 프로모팅이 돼 큰 페스티벌에 참여하는 일들이 심심찮게 일어난다.

디제이라고 하면 음악을 만드는 사람들도 있지만 보통은 음악을 트는 일을 하는 사람을 말한다. 그래서 어떤 사람들은 디제이가 하는 일이 쉽다는 생각도 하는데, 남의 음악을 틀더라도 세계적 명성을 가진 사람들이 있다. 좋은 디제이로서의 실력이란 무엇이라고 생각하는가?

디제이마다 바라보는 관점이 다를 수 있는데, 나는 디제이를 라디오 스테이션처럼 사람들한테 새로운 음악이나 음악의 장르를 정리해서 알려 주는 사람이라고 생각한다. 내가 흥미를 느끼고 이 사람이 정말 잘하는구나 하는 판단을 내리는 건 그 사람의 라이브러리를 들을 때다. 꼭 많은 장르의 음악을 들어야 한다는 건 아니지만, 다양한 라이브러리의 음악이 섞일 때 주는 임팩트가 클 수는 있다. 믹스 테크닉도 중요하다. 단순히 사람들이 보이는 반응만으로 곡 흐름을 연결하는 게 아니라, 지금 곡의 화성이 다음 곡의 화성으로 연결될 때 자연스럽다든지 킥 패턴이 서로 겹칠 때 덜 도드라지고 자연스러울 것 같다든지 하는 것이다. 이건 확실히 음악을 많이 들어야 잘할 수 있다.

화성적 연결까지 신경 쓰는 줄은 몰랐다.

만약에 하우스 장르를 운영한다고 하면, 30분 동안 굴려 나갈 킥 패턴이나 악기 소리, 아니면 코드 진행을 염두에 두고 플레이한다. 완전히 반대되지 않는 이상은 계속 매칭시킬 수 있는 걸 튼다. 완전히 다른 악기 소리를 튼다고 하면 분위기를 완전히 전환시키려는 의도를 가지고 한다.

라이브러리를 만들어 가는 과정도 궁금하다. 낡은 이미지이기는 하지만 내가 생각하는 디제이는 항상 '더스트 박스'를 '디깅'하고 있는 사람이다. 세상에 지금까지 발표된 음악은 정말 많고 지금도 매일 새로운 음악이 발표되고 있는데, 디제이는 어떻게 음악을 찾아 듣고 그중에 어떤 음악을 라이브러리로 정리하는지 궁금하다.

초반에는 컴필레이션 음반에서 수집한 것 같다. 예전에는 특정 장르를 모은 컴필레이션 음반이 많았는데, 거기에서 마음에 드는 아티스트가 있으면 그 아티스트의 앨범을 사서 들었다. 그리고 음반점에 가면 직원한테 물어본다. 내가 이 사람을 좋아하는데 이 사람이랑 비슷한 사람을 소개시켜 달라고. 어릴 때는 그런 식으로 넓혀 나갔고, 그 이후에는 잡지들을 통해서 많이 한 것 같다. 내가 좋아하는 뮤지션이 누구랑 작업을 하는지 인터뷰를 보면서 알게 되기도 했다. 어릴 때는 그렇게 아날로그 방식으로 직접 찾아보고 물어봤다면, 요즘은 밴드 캠프나 애플 뮤직, 스포티파이의 추천도 받는다. 그런데 확실히 알고리즘 추천은 반년 정도 쓰니까 좀 재미가 없어지더라. 아직은 계속 웹 페이지나 디제이들의 믹스 셋, 라디오 플레이리스트를 보면서 새로운 음악을 찾아 들으려고 한다.

예전에 나온 음악과 현재 발매되고 있는 음악까지 관심사가 동시에 유지되고 있는 건가?

그런 편이다. 물론 예전엔 정말 좋아하다가 요즘은 잘 안 듣는 뮤지션도 있다. 그런데 그 사람이 계속 음악 활동을 하고 있다면 내가 요새 좋아하는 음악들이랑 자연스럽게 접점이 생기기도 한다. 그러면 오랜만에 그 뮤지션의 음반을 다시 들어 보고 그동안 한 작업물을 살펴보기도 한다.

말이 쉽지 엄청난 에너지가 필요한 일일 것 같다. 나도 예전에 힙합 프로듀서를 꿈꾸며 엘피를 디깅한 시절이 있었다. 남들이 모르는 정말 희귀한 엘피를 찾아내고 말겠다고 집착하면서 많은 음악을 들었는데, 어느 순간 모든 게 너무 피로하게 느껴졌다. 음악을 찾아 듣는 일이 부담스럽게 다가온 적은 없나?

사실 얼마 전에 그런 경험을 했다. 이게 일이 되다 보니 라이브 러리를 계속 업데이트를 할 수밖에 없는 상황이 있다. 덥스텝(Dubstep)'을 틀어야 하는 공연이 있으면 덥스텝 라이브러리를 계속 업데이트하고, 힙합을 틀어야 할 일이 생기면 또 관련 음악을 끊임없이 업데이트해야 하고. 그러다 보니 코로나 이후에 약간 번아웃이 찾아왔다. 음악을 찾아 들으면서 바로바로 '음, 좋아'나 '음, 아니야' 이렇게 분류하고 있는 게 소모적이라는 생각도 들었고, 어느 순간 음악은 듣지만 그게 뇌로 전송이 안 되는 느낌을 받았다. 사실 올해 초까지 쭉 그런 상태였다. 그러다 사람이 또 신기한 게, 실제로 악기를 연주하는 스케줄이 계속 들어오고 사람들 만나서 합주도 하다 보니 음악을 듣는 기분이 달라졌다. 최근에는 다시 요즘 디제이 친구들이 무슨 음악을 트는지 궁금해졌다.

나도 정말 이해가 되는 고충이다. 다음 질문은 알고리즘 추천에 관한 이야기다. 내가 느끼는 동시대의 중요한 특징이 온 사방에 들을 거리가 넘쳐 난다는 것이다. 그래서 그중에 뭘 찾아 들어야 할지가 중요한 질문이 됐다. 때마침 인공 지능(AI)을 활용하는 기업들이 제공하는 알고리즘 추천 서비스가 등장했고, 많은 사람이 거기에서 만족을 느끼고 있다. 음악을 추천해 준다는 행위로 본다면 디제이랑 알고리즘이 비슷한 일을 하는 것 같지만, 이 둘은 상당한 차이가 있다. 디제이는 기본적으로 능동적인 음악 찾기 문화를 장려하는 사람이다. 반면 알고리즘이 해주는 추천은 바쁜 세상에서 이제 그런 노력은 하지 않아도 된다는 메시지를 깔고 있는 것 같다. 디제이로서 알고리즘 추천을 어떻게 생각하는지 궁금하다.

초반에 알고리즘 서비스가 재미있다고 생각한 이유는 내가 좋아할 만한 사람들을 계속 추천해 주기 때문이었다. 내가 좋아하는 뮤지션의 음악 중에서도 내가 모르는 음악을 추천해 줄 때 '이 친구 일 잘하네' 하고 생각했다. 근데 시간이 갈수록 항상 비슷한 음악만 추천하다 보니 점점 재미가 없어졌다. 이제 좀 다른 거 듣고 싶은데 계속 재즈나 소울 펑크만 알려 주는 식이다. 그래서 나는 여전히 음악 잡지나 뮤지션이 직접 작성한 플레이리스트가 더 흥미롭다. 알고리즘에 의존하는 이유 중 하나가 시간을 아끼면서 취향을 개발하고 싶다는 것 같은데, 요즘 느낀 건 내가 좋아하지 않는 것을 많이 경험해 봐야 내가 진짜 좋아하는 것을 알게 된다는 것이다. 이미 좋아하는 것만 추천받아서는 그런 경험을 할 수 없다. 주변의 디제이나 라디오 스테이션에서 일하는 친구들도 처음에는 알고리즘 추천을 경계하고 일거리가 줄어들까

♪　투 스텝(2 Step) 등 하우스 음악의 리듬과 레게에서 파생된 음악 장르인 덥(Dub)의 요소를 결합한 음악. 일렉트로닉 장르에 속하며, 1990년대 말 영국에서 등장했다.

걱정을 했는데, 시간이 지나면서 점점 그렇지 않다는 걸 알게 되는 거 같다.

이제 연주자 정상권 이야기로 넘어가자. 윈디시티의 퍼커셔니스트로 활동을 시작해서 그 뒤에는 워크맨쉽도 하고 다양한 세션 활동도 하고 있다. 악기를 연주하는 일이랑 음악을 트는 일은 어떻게 다르고 또 비슷한가?

우선 내가 음악을 많이 듣고 만들어 놓은 라이브러리들이 내 연주에 큰 영향을 미쳤다. 어떤 음악을 들을 때 그 위에 콩가를 연주할까, 봉고나 팀발레스를 연주할까 하는 선택지가 바로바로 정리되는 편이다.

타악기는 종류가 어마어마하게 많다. 가장 좋아하는 타악기 소리가 있다면?

역시 콩가가 가장 좋은 것 같다. 콩가라는 악기는 모든 장르에 다 잘 어울린다. 콩가와 봉고를 구분하지 못하는 사람도 소리를 들으면 딱 안다. 시대를 넘어서 지금까지 계속 활용되고 있고. 타악기 중에서는 탬버린, 셰이커 다음으로 콩가가 가장 많이 쓰이지 않을까 한다.

악기 연습도 꾸준히 하고 있는가? 타악기 연주자로 활동하면서

개인적으로는 연습해야 할 악기 종류가 너무 많은 것이 고민이었다.

예전에는 이것도 잘하고 저것도 잘해야 한다고 생각했는데, 요새는 이게 직업이다 보니 하나를 어느 정도 하면 다른 악기와 연결되는 게 있다. 모든 것을 연습해야 한다는 강박 관념은 이전보다 줄어들었고, 전체적으로 어울리게 연주하고 싶다는 생각이 더 커진 것 같다.

타악기는 리듬과 음색, 효과 등 다양한 기능을 할 수 있다. 타악기 연주자로서 어떤 기능을 좋아하는가?

세션 작업을 하다 보면 보통 필요한 악기 구성이 이미 다 끝난 다음에 퍼커션이 얹힐 때가 많다. 그럴 때는 내가 그 사이를 비집고 들어가야 하는데, 그런 일을 잘 해낼 때 희열을 느낀다. 내가 뭔가를 비집고 들어가고 나니까 사람들이 수긍할 수 있는 리듬이나 하모니가 만들어질 때 나만의 희열감을 맛보는 것 같다.

지금 하는 작업에서 나는 서로 다른 시대의 소리들이 여기저기서 울려 퍼지고 있는 모습을 동시대성으로 바라본다. 그런 의미에서 여러 시대의 음악을 다양하게 트는 클럽과 디제이가 굉장히 중요한 동시대성의 목격자라는 생각을 했다. 20

년간 클럽 신에서 활동해 온 목격자로서 꼭 지금의 것은 아니더라도 지금의 나에게 중요하고 앞으로 중요할 거라고 생각하는 소리가 있나?

킥 사운드다. 댄스 뮤직에서 킥 사운드는 엄청 중요하다. 클럽 음악 중에는 드럼 소리 중에 킥만 나오는 음악도 많다. 클럽에서 킥이 없는 음악을 트는 건 굉장히 위험한 일이기도 하다. 그런 의미에서 킥 사운드야말로 시대를 뛰어넘는 소리라고 생각한다. 디제이들 중에는 음악을 만들 때 옛날 음악에서 킥 소리만 샘플링해서 쓰는 경우도 많다.

가장 사랑하는 킥 사운드는 무엇인가?

펑키한 음악이라면 제임스 브라운 밴드의 킥 사운드가 확실히 좋은 것 같다. 너무 벙벙거리지도 않고, 요즘같이 엄청 컴프레스(압축)돼서 세게 때리는 킥도 아니고, 브레이크 비트에 깔릴 법한 킥이다. 그런 킥을 들을 때 나는 가장 좋다고 느낀다.

공식적인 마지막 질문이다. 약간의 상상력을 동원해야 하는데, 정상권에게서 어떤 소리가 나고 있고 그걸 수음할 수 있는 마이크가 있다면 어떤 소리가 녹음될 것 같은가?

오! (짧게 감탄사를 뱉었다) 이상하게 나이를 먹어서 그런가 요즘 뭘 봐도 감동할 때가 많은데, 그런 감동이 녹음이 되면 좋겠다. 어떤 환희가 연상되는 소리다. 내가 연주할 때도 그런 소리가 기분이 좋다.

최우정

듣지 않는다면
관계가 성립되지 않는다

작곡가. 서울대학교 작곡과 교수. 바이올린으로 음악을 시작해 작곡으로 넘어간 뒤, 다시 연극으로 가 오페라, 뮤지컬, 음악극을 비롯해 시각 예술까지 다양한 작업을 했다. 통영국제음악제 프로그래머로 일하면서 음악제 상주 단체인 'TIMF 앙상블' 예술 감독을 맡아 여러 작곡가, 단체, 행사 등하고 연계해 현대음악 발전에 힘썼다. 오페라 〈1945〉, 〈달이 물로 걸어오듯〉, 〈연서〉, 뮤지컬 〈광주〉, 〈오필리어〉, 〈형산강에는 용이 산다〉, 음악극 〈적로〉, 〈Birth〉, 멀티미디어 퍼포먼스 〈Mr. Q〉, 〈막계동에서 바흐를 연주하라〉, 〈Replica: Echo et Narcisse〉 등 많은 작품을 발표했다.

어떤 소리를 들으며 유년기를 보냈나?

집안에 사고가 많았는데, 그 사고 현장에서 들은 소리가 잊히지 않는다. 예를 들면 내가 다섯 살 때 동생이 태어나자마자 물에 빠져 죽을 뻔한 적이 있는데, 그때 어머니, 아버지가 안 계셔서 할아버지가 다급하게 나를 부르고 나랑 내 밑의 동생이랑 같이 뛰어간 기억이 생생하다. 어릴 때부터 그런 일들이 많다 보니 집안이 평온하지 않을 때 들은 소리가 가장 먼저 생각난다. 심리학자들은 그걸 트라우마라고 할 텐데, 뭐 상관없다. 심지어 어제도 오늘 새벽에도 환청 같은 거를 들었다. 돌아가신 어머니가 나를 부르는 것 같은 소리를 들었다.

긴박한 감정을 일으킨 소리겠다.

비극적이라고 해야 하나. 쉬운 말로 하면 안 좋은 일이 생길 때 난 소리가 기억에 많이 남는다.

유년기를 지나서 지금까지 살아오면서 잊을 수 없는 청각 경험을 한 순간이 있다면?

다 개인적인 거다. 우선 첫 번째는 어머니의 음성이다. 두 번째는 프랑스 남부에 있는 토로네 수도원(L'Abbaye du Thoronet)에서 들은 소리다. 유럽에서 고음악을 녹음할 때 선택하는 장소 중 하나인데, 거기서 겪은 음향 체험이 정말 대단했다. 거기서 노래를 부르면 노래가 공간에 한참 동안 돌아다닌다. 나도 한 번 해봤는데, 일단 소리를 내면 지속 시간이 굉장히 길어서 그 소리 위에 내가 또 다른 소리를 낼 수가 있다. 그래서 혼자 여러 화음을 내봤다. 이미 내가 낸 소리 자체에 배음렬'이 있어서 그거에 맞춰서 잘 불러야 한다. 그곳에서 화음을 내보면서 '아, 이런 식으로 다성 음악이 발전했구나' 하는 깨달음을 얻을 수 있었다. 세 번째는 대우 산업기술연구소 무향실(anechoic chamber)''에서 한 경험이다. 원래 음향 연구가 목적이 아니라 층간 소음 문제를 해결하려는 연구소인데, 거기서 혼자서 소리를 내봤다. 아까 말한 프랑스 토로네 수도원하고는 정반대 상황으로, 모든 울림이 사라지고 정말 내 몸에서 나는 소리만 남게 된다. 굉장히 이상하고 정말 외로운, 어떤 독특한 체험이었다. 우리가 보통 일반적이라고 생각하는 상태가 결국 어느 정도 소리의 울림에 의존하고 있다는 생각을 했다.

♪ 소리의 구성 요소 중 기음(基音)에서 정수배의 진동수를 지닌 배음을 나열한 것. 배음의 구성비를 통해 음색이 달라진다.

♫ 공간 내부의 반사음을 모두 흡음한 인공적 공간. 존 케이지가 세상에 완벽한 침묵은 없다는 깨달음을 얻은 곳으로 유명하다.

현재 한국에서 가장 활발하게 극음악 작업을 하는 작곡가 중 한 명으로 꼽힌다. 연희단 거리패랑 함께한 작업으로 연극을 처음 시작하게 된 것으로 아는데, 클래식을 작곡하다가 극음악에 매력을 느끼게 된 사연이 궁금하다.

우선 교회 때문이었다. 어릴 적부터 손봉호 교수님께서 창립하신 교회에 다녔는데, 그곳이 기독교 윤리 실천 운동도 하고 장애인 복지 운동도 하는, 사회 참여적인 성향을 가진 곳이었다. 교회 분위기가 그러다 보니 내가 클래식 음악을 한다는 게 뭔가 사치같이 느껴졌고, 너무 세상이랑 동떨어진 음악을 하고 있는 게 아닌가 생각하게 됐다.

대학 시절에도 주변에 운동권 친구들을 보고 기독교 서클 활동을 하면서, 나는 뭘 할 수 있을지 소극적인 고민을 하면서 보냈다. 그러던 중에 우연히 산울림소극장에서 연희단 거리패가 공연한 〈바보각시〉를 봤다.

거기서 세 가지에 매료됐다. 첫째는 굉장히 음악극 같았다. 일단 그 당시에 만연하던 서구 리얼리즘 연극이랑은 매우 달랐고, 공연 예술의 많은 부분이 종합돼 있어서 이런 거라면 내가 할 수 있는 것들이 많겠다는 생각이 들었다. 둘째는 작곡하면서 한국 전통에 관한 어떤 부담감 같은 게 있었는데, 연희단의 배우들은 음악적인 전문가는 아니더라도 전통 음악을 사용하면서 굉장히 호소력 있는 연기를 하고 있었다.

그런 데 매료가 됐다. 셋째는 내가 부족하다고 느끼던 사회 참여적 이야기를 예술 작품을 통해서 하고 있었다. 스스로 부족하다고 생각하던 그 세 가지가 예기치 않게 연희단 거리패의 작품 안에 다 있더라. 그때부터 인연이 시작됐는데, 그 뒤로 그 집단이 불명예스러운 일로 사라지면서 인연도 끝났다.

대학 안에 머무는 작곡가들은 대부분 현대 음악 작업을 많이 해왔는데, 최우정이 만든 극음악을 보면 조성이 분명하고 대중적인 곡이 많다. 그런 작업을 발표할 때 부담은 없었나?

별로 없었다. 일단 내가 클래식을 그만둔다고 하고 극음악을 시작한 거라 별로 괘념치 않았다.

지금까지 연극과 오페라 작업을 많이 해왔다. 초기작과 최근작에서 관점이 어떻게 변화했나?

아무리 내가 음악을 잘 써도 그 이야기는 결국 남의 이야기더라. 사실 그래서 최근에는 극음악에 흥미를 좀 잃어버렸다.

그러면 이제 자기 이야기를 할 준비를 하고 있는가?

요즘 계획하는 프로젝트가 하나 있다. 근데 사실 이것도 남의 이야기를 잘 듣는 거기는 한데, 사라진 목소리들, 아니면 잘 안 들리는 목소리들, 그런 목소리들을 다시 세상에 들려주는 프로젝트다.

이를테면 내가 있는 대학 안에도 목소리 없는 사람들이 되게 많다. 그런 사람들 인터뷰를 따고, 사연을 모으고, 그 사연을 담은 노래를 만들어서 공연을 하는 프로젝트를 하려고 한다. 근데 여기서 '남'은 정말 내가 모르는 '남'이다. 그런 남들의 이야기는 좋다. 나랑 비슷한 작가들 이야기를 더 하고 싶지는 않다. 이미 목소리가 큰 사람의 목소리를 더 크게 만들어 주는 작업이 하기 싫어졌다.

계속 연극적인 연출이 떠오른다.

같이 해볼까? 옛날에 30대, 40대 때는 되게 일찍 학교에 왔다. 나는 대중교통 이용하는데, 아침 이른 시간에는 학교에서 일하는 분들로 버스가 꽉 찬다. 그런데 그분들은 또 집에 빨리 간다. 그분들이 유령처럼 한 번 오고 가면 학생, 직원, 교수들이 오는 거다.

극음악 작업을 오래 했지만, 사실 현대 음악 작업도 꾸준히 했다. 현대 음악 전문 연주 단체인 '앙상블 TIMF'의 예술 감독을 오래 맡기도 했다. 현대 음악에도 어떤 애정과 책임감이 있었나?

애정보다 책임감이 더 컸다. 그래서 힘들었다. 레너드 번스타인 (Leonard Bernstein)이 한 말을 인용하면, 클래식 음악이라는 게 알고 보면 작곡가가 디테일까지 적은 악보를 연주자가 연주해서 들려주는 엄격한 음악이다. 그런 경향이 더 극단적으로 간 게 클래식 현대 음악이라고 생각한다. 물론 반작용이 있어서 즉흥이나 전자 음악 같은 다양한 실험이 등장했지만, 전반적으로는 서양 근대 정신의 산물인 클래식 음악의 맥락 위에서 실행된 창작 활동이 20세기 현대 음악이라고 생각한다. 그리고 그 음악은 2010년 정도에 거의 막을 내렸다고 생각한다.

2010년부터 느낀 변화인데, 우선 음악을 접하는 방식이 완전히 달라졌다. 그즈음에 유튜브를 구글이 인수하고, 페이스북 코리아가 생기고, 아이폰도 나왔다. 그때부터 옛날이랑 정말 다른 환경이 만들어졌다. 어쩌면 클래식 음악에서 진짜 21세기는 그때 시작된 것 같다. 그런 상황에서 한 작곡가 개인이 계몽적인 태도를 가지고 가르치려 한다거나, 음악보다 작곡가 이름을 더 많이 아는 그런 음악은 이제 설 자리가 없어진 것 같다.

클래식 음악에서 달라진 환경이라는 말을 좀더 자세하게 설명해 줄 수 있을까?

클래식 음악 산업에서 가장 보수적이고 중심적인 위치를 차지하고 있던 도이치 그라모폰이라는 음반사에서 한 10년 전부터 막스 리히터(Max Richter)나 요한 요한슨(Jóhann Jóhannsson) 같은 뮤지션들 음반을 발매하기 시작했다. 뭔가 변하고 있다는 느낌을 받았는데, 아니나 다를까 최근에는 존 윌리엄스(John Williams)나 히사이시 조(Joe Hisaishi)의 음반이 나왔다. 옛날 같으면 도이치 그라모폰이 생각하지 않을 이름들이다. 여전히 유럽의 학교 시스템이나 많은 작곡가가 20세기 식으로 현대 음악을 작곡하고 있기는 하지만, 이제 메이저 음반사에서는 그런 음반을 제작하지 않는다. 그 사실 하나만으로 아주 많은 것이 설명되는 거 같다.

클래식 음악이라는 것도 자본주의 사회에서 하나의 상품에 불과할지도 모른다. 산업적 측면에서 보자면 클래식 음악이란 사실은 좀더 고상한 옷을 입은 필수 교양으로 상품화된 것이라고 할 수 있다. 물론 그런 음악들이 지닌 가치를 부정하지는 않는데, 그 가치 자체를 상대화할 수 있는 경험을 우리는 한 번도 못 해봤다. 이미 가치가 매겨진 상태에서 음악이 받아들여진 거다. 거기서 가치 있는 음악은 다 유럽과 미국의 음악이었고. 우리가 그런 가치들을 좀더 상대화하고, 외국 음악이라고 해도 서구 중심이 아니라 다른 지역 음악도 통합적으로 교육해야 하지 않는가 생각한다. 어릴 때부터 아프리카 리듬도 배우고, 그런 식으로 자라다 보면 나중에 새로운 것이 나오지 않을까 생각한다.

현대 음악에 관련된 여러 가지 논쟁 중에 현대 음악은 고도의 지적 활동이어서 청자가 중요하지 않다는 견해도 있었다. 학교와 제도가 보호하고 지원해야 할 일종의 순수한 연구 활동에 가깝다는 말인데, 최우정은 청자를 중요하게 생각하는가?

청자는 중요하다. 사람들이 듣지도 않고 연주도 되지 않는 음악이 너무 많이 만들어지고 있다. 물론 연구는 필요하다고 생각한다. 꼭 음악가뿐 아니라 다양한 학제의 연구자들이 모여서 음악을 연구하는 건 필요하고, 실제로 그렇게 하고 있는 곳들이 많다.

작곡 이야기로 넘어가자. 2013년 작곡가 신동훈하고 함께한 인터뷰를 봤는데, 작곡가는 기법을 숙련하는 데 집중해야 도그마에 빠지지 않을 수 있다고 이야기했다. 어떤 사조에 경도되는 위험성을 경계한 것 같다.

그때 무슨 생각으로 그런 말을 한 건지 잘 모르겠는데, 지금 작곡에 관해 이야기하자면, 일단 학생들에게 하루에 적어도 다섯 마디는 꼭 쓰라고 한다. 다섯 마디 쓰는 건 사실 되게 쉽다. 쉼표만 다섯 개 그려도 음악인데, 학생마다 자기가 생각하는 작곡이라는 게 정해져 있어서 그걸 잘 못한다.

이를테면 서울대 작곡과는 현대 음악을 해야 되니까 리게티 등 현대 음악의 대가들이랑 비슷하게 해야 된다, 뭐 이렇게 못이 박혀 있는 거다. 내가 하는 요구는 그런 걸 빼고 그냥 아무 생각 없이 장인이 매일매일 습관적으로 제품 만들듯이 시간 정해 놓고, 마치 운동선수처럼 계속하라는 의미다. 그걸 나중에 거리를 두고 바라보면 자연스럽게 그 안에 녹아 있는 특정한 경향, 고집, 편견이 나타난다. 그러면 그걸 객관적으로 보는 거다.

사람에게 도그마라는 건 생길 수밖에 없다고 생각한다. 근데 땀을 흘려야 독소가 빠져나가듯이 내가 어떤 도그마에 빠져 있는지 알고, 걷어내고, 상대화하고, 그러는 과정에서 좋은 작곡을 할 수 있는 거다.

어느 정도 이해가 되지만, 생각 없이 하는 작곡이라는 게 과연 가능한 일인지 의문이 든다. 실제로 최우정 역시 작업을 하면서 관련된 공부를 많이 한다고 알고 있다. 생각하지 않고 하는 작곡과 공부하면서 하는 작곡이 모순처럼 느껴지기도 하는데?

일단 처음 단계에서는 생각 없이 시작하는 게 좋다고 본다. 왜냐면 정말 시작이 반이더라. 클래식 작곡 쪽은 어떤 한 음을 쓰기 위해, 또는 작품을 시작하기 전에 너무 많은 생각을 한다. 그러지 않고 일단 오선지에 음부터 몇 개 적다 보면 그 다음부터 생각이 날 수밖에 없다. 즉흥이랑 똑같은 거다. 생각 없이 시작한 다음, 거기서 발견하고 공부하며 생각하는 과정이 계속 반복돼야 한다.

최우정의 음악 세계에서 결코 빼놓을 수 없는 요소가 바로 전통 음악이다. 가장 좋아하는 음악으로 가곡과 정악을 꼽기도 하는데, 전통 음악을 향한 애정이 어떻게 생겨난 건지 궁금하다.

고 3 때 친구가 윤윤석 아쟁 산조 테이프를 줘서 들었고, 그때부터 김소희, 김월화, 조공례, 박병천 이런 분들의 구음을 들으면서 전통 음악에 빠지게 됐다. 그러다 윤이상의 음악을 공부하면서 그 유령 같은 개념인 '한국적 정체성'을 찾아보겠노라고 이것저것을 뒤져 봤는데, 이른바 '한국적 정체성'을 추구한다는 클래식 말고 그냥 오리지널 전통 음악이 훨씬 좋더라. 그 뒤로 극단 작업을 하면서 다양한 전통 음악인들을 만나게 됐다.

전통 음악을 향한 관심에도 연결될 수 있는 지점인데, 음악 교육에서 서양적 관습을 벗어나는 것이 중요하다는 이야기를 종종 했다. 그게 왜 중요한지 좀더 듣고 싶다.

구체적으로 이야기해 보면, 도와 도 샤프(#) 사이에 숱한 음이 있는데 서양 음악만 배운 사람들은 결국 그 사이에 있는 소리를 경험하지 못하고 죽을지도 모른다. 반면 인도에서는, 예를 들자면, 바이올린을 토착화하는 과정에서 미세한 음들을 굉장히 풍부하게 다루고 있다. 음악가로서 그 차이를 인지한다는 건 굉장히 중요하다.

2020년 서울디지털포럼 〈페르마타: 멈춤〉에서 듣는 것이 생존에 결정적이라는 이야기를 했다. 이 인터뷰 프로젝트에서도 태초의 소리를 인간의 생존에 연관 지은 사람이 있어서 더 인상적이었다. 듣기라는 행위도 일종의 문화적 훈련일 텐데, 우리가 회복해야 할, 또는 훈련해야 할 실천으로서 듣기란 어떤 게 있을까?

사실 그 부분에서 나는 굉장히 비관적이다. 한 달쯤 된 이야기다. 교문에서 버스를 타고 봉천동으로 넘어가는데, 기사가 앞에 몰려 있지 말고 안으로 들어가라고 말했다. 근데 아무도 그 소리를 안 듣더라. 다른 어느 학교를 가봐도 그렇다. 한번은 내가 답답해서 몇 번 이야기를 한 적도 있는데, 알고 보니 노이즈 캔슬링 이어폰 때문에 목소리를 못 듣는 거였다. 거기서 완전히 충격을 받았다. 노이즈 캔슬링을 하고 살면 일단 직접적으로 생존에 위험하다.

물론 그런 문제들은 기술 발전을 감안하면 해결이 되기는 할 거다. 하지만 그런 식으로 서로 듣지 않는다면 결국 관계가 성립되지 않는다. 관계라는 게 상대방이 하는 이야기를 들어야만 성립하는 거다.

이 인터뷰는 동시대성에 관련된 질문을 소리에서 찾아보는 작업이다. 최우정이 생각하는 동시대성이란 무엇인가?

일단 음악과 소리의 경계가 없어진 것 같고, 그게 동시대의 가장 중요한 포인트라고 생각한다. 베토벤의 음악도 지금은 일종의 '가구 음악(Musique d'Ameublement)'으로 기능이 바뀌어 버린다. 음악이 소음처럼 돼버린 세상이다. 예전부터 현대의 작곡가들은 자꾸 소음을 음악화시키려 했는데, 지금 세상의 키워드는 반대로 음악의 소음화라고 생각한다.

♩　프랑스 출신 작곡가이자 피아니스트인 에릭 사티(Erik Satie)가 1917년에 제시한 개념으로, 가구처럼 단순히 공간을 채우는 음악, 집중해서 들을 필요가 없는 일종의 배경 음악을 말한다. 존 케이지나 앰비언트 음악에 영향을 미쳤다.

동시대성에 연결된 질문일 수 있는데, 그래도 우리가 과거의 음악과 기법에서 여전히 배워야 할 것들이 있을까?

어떻게 보면 다시 회복해야 할 부분이 있다고 생각한다. 19세기 말까지는 괜찮은데 20세기 초중반부터 나온 작품들을 볼 때 몇몇 예외를 빼면 작곡과 연주가 너무 분리돼 있다. 그러다 보니 현재 많은 작곡가들은 실제 소리가 나는 어쿠스틱한 환경을 겪은 경험이 너무 부족하고, 실제 내용으로 받아들여지는 소리와 기호로서 이해되는 소리를 착각한다는 느낌이 든다.

서양 클래식 음악에서 20세기 초반부터 지금까지 이어지는 100년 정도를 제외하면 거의 모든 음악 전통은 다 연주자와 작곡자가 합쳐져 있었다.

마지막은 상상력이 필요한 질문이다. 내 안에 쌓여 있는 소리들이 녹음될 수도 있는 녹음기가 존재한다면 최우정에게서 어떤 소리가 녹음될 것 같나?

몽골의 흐미 창법까지는 아닌데, 목소리로 여러 배음을 내는 연습을 자주 한다. 세계의 다양한 음악을 많이 들었는데, 결국 다양한 스펙트럼의 소리가 사람의 몸 안에 다 존재한다고 생각한다. 집에서도 그렇고 공중목욕탕에 가면 맨날 그런 소리를 내본다. 몸에서 느껴지는 자연적인 소리들, 그리고

내가 지금까지 들어 오고 불러 온 소리들, 그런 소리가 녹음
될 것 같다.

내가 지금까지 들어 오고 불러 온 소리들, 그런 소리가 녹음
될 것 같다.

정중엽

소리랑 쉽게
사랑에 빠지는 것 같다

2007년 스마일스로 데뷔한 이래 오지은과 늑대들, 라이너스의 담요, 데블스, 밤신사, 장기하와 얼굴들, 이날치 등 한국 인디 음악 신의 여러 밴드에서 기타리스트이자 베이시스트로 활동했다. 2020년 개봉한 영화 〈찬실이는 복도 많지〉의 음악감독을 맡은 뒤로 영화 〈항거〉, 〈외계+인〉, 〈땅에 쓰는 시〉, 드라마 〈보건교사 안은영〉, 연극 〈더 나은 숲〉, 〈코리올라누스〉 등 다양한 매체에서 음악을 만들었다. 2019년 서울 독립영화제, 2020년 무주산골영화제 개막 공연 음악감독을 맡기도 했다. 최근에는 부클라(Buchla) 신시사이저를 이용한 전자 음악 솔로 아티스트로 활동을 시작했다. 여러 빈티지 악기와 장비들을 보유한 수집가이기도 하다.

HELLO SUNRISE

유년기에 어떤 환경에서 어떤 소리를 들으며 자랐나.

동네에 초등학교가 있었는데, 해가 지는 시간쯤에 야구부가 연습하는 소리가 들렸다. 배트와 공이 깡 부딪치는 소리, 자기들끼리 '으쌰으쌰' 하는 소리가 들렸는데, 그 소리를 꽤 좋아했다. 왠지 나른해지는 소리랄까. 소파에 누워서 그 소리를 듣는 시간을 좋아했다. 근처에 공원이랑 산도 있어서 여름에는 매미 소리가 정말 강렬했는데, 그 소리도 좋아했다. 초등학생 때까지는 사마귀 특공대 같은 걸 만들어서 곤충 채집하러 다니며 유년기를 보내다가 중학생 때 지하철이랑 버스를 타고 조금 멀리 떨어진 학교를 다니기 시작했다. 여유 있는 날이면 걸어서 시장을 지나갔는데, 그때 놀랍게도 엑스 재팬(X-Japan) 팬클럽 한국 지부가 그쪽에 있었다. 진짜 작은 문을 열고 들어가면 엑스 재팬 브로마이드가 전시돼 있고 시디랑 비디오테이프를 팔았다. 동네 음반 가게 아저씨가 자기가 셀렉션한 불법 테이프를 만들어서 팔았는데, 파란색으로 프린트된 종이에 '엑스 재팬 베스트'라고 적혀 있었다. 이게 그 한국 지부에서 본 사람들의 음악이구나 하면서 아저씨에게 물어봤는데, 아저씨가 음악을 들려주셨다. 그때 꽤 충격을 받은 것 같다. 지금도 기억에 남는 곡이 〈구레나이(Kurenai)〉인데, 기타 아르페지오로 조용하게 시작한 다음에 드럼이랑 심벌즈의 리버스 효과랑 함께 갑자기

터지면서 엄청난 소리로 달리기 시작한다. 드럼도 달리고, 기타도 달리고. 그 음악을 처음 들은 순간이 기억에 남는다. 그렇게 엑스 재팬 음악을 꽤 오랫동안 들었다. 헤드뱅잉 하면서 수학 문제 풀고 그랬다.

악기를 직접 배우게 된 건 언제쯤인가?

고등학교 1학년 때다. 시작하게 된 데에도 스토리가 있는데, 그때 우리 집에서는 일요일에 교회를 다녀온 뒤에 온 가족이 모여서 '비교체험 극과 극'˚을 보는 게 하루 일과 중 하나였다. 거기서 낙원상가에서 가장 저렴한 악기와 고가인 악기를 비교하는 게 나왔는데, 그걸 보면서 드럼은 진짜 못 쓰겠는데 기타는 저렴해도 잘만 하면 괜찮겠다는 생각이 들었다. 며칠 뒤에 형이 갑자기 우리가 가진 게임기를 팔아서 자기는 베이스를 사고 너는 기타를 사면 어떻겠냐고 제안을 했다. 어차피 형 의견이 훨씬 강하기 때문에 거부할 권리가 없기도 해서 좋다고 했다. 그런데 형이 베이스를 사느라 돈을 다 쓰고 돌아왔다. 엄청 서럽게 울고 있는데 엄마가 그 사실을 알고 기타를 사 주셨다. 그렇게 기타를 시작하게 됐다.

♩ 1998년 에스비에스(SBS) 주말 예능 프로그램 〈좋은 친구들〉에서 방영하기 시작한 코너.

집에서 혼자 독학을 한 건가?

처음에 엑스 재팬의 밴드 스코어로 연습을 시작했는데, 너무 빠르고 어려웠다. 아무리 해도 멋있지가 않았다. 그러다 옆 동네에 통기타 치는 친구가 있었는데, 그 친구가 통기타로 그 소리를 어느 정도 흉내를 내더라. 그걸 보고 자극을 많이 받았다. '통기타로 저런 소리를 낼 수 있는 거구나.' 그 뒤로 느리지만 정확하게 차근차근 연습하기 시작했다.

음악을 시작하게 된 계기는 충분히 들은 기분이다. 그럼 소리에 관한 이야기를 더 해보자. 지금까지 살면서 손에 꼽을 만한 기억에 남는 소리는 무엇인가? 꼭 음악이 아니어도 좋다.

특정해서 말하기 어렵다. 생각해 보면 나는 소리랑 쉽게 사랑에 빠지는 것 같다. 그래서 악기도 여러 종류에 관심을 가지게 됐다. 게다가 기타라는 악기의 특성상 이펙터랑 친해지게 되는데, 이펙터와 앰프를 매칭해서 조합할 수 있는 사운드의 종류가 너무너무 많다. 그렇게 발견하는 소리들이 모두 매력적이었다.

정중엽이 하는 활동을 보면 스마일스부터 라이너스의 담요, 오지은과 늑대들, 밤신사, 장기하와 얼굴들, 이날치, 오마르와 동방전력까지 인디 신에서 알 만한 유명한 밴드를 많이 거

쳐 왔다. 대형 스타가 된 밴드도 있다. 밴드를 선택하는 기준이 있는가?

선택이라기보다는 어느 순간 함께하게 되는 경우가 많다. 어릴 때 좋아한 뮤지션 중에 코넬리우스(Cornelius)라고 있는데, 그 사람이 학창 시절에 축제를 하면 네 번을 옷을 갈아입으면서 공연을 했다. 밴드는 바뀌지만 그 사람은 옷을 갈아입으면서 무대에 계속 있는 거다. 그 사람 이야기를 듣고 좋아하는 음악이 많으면 충분히 그럴 수 있겠다는 생각이 들어서 그런 식으로 활동했다. 어릴 때는 허락하는 한 최대한 재미있게 여러 밴드를 소화할 수 있다는 자신감이 있었다.

정중엽이 생각하는 밴드의 매력은 뭔가?

밴드 음악은 여러 사람들 안에서 만들어지는 만큼 각각의 개성이 있어서 좋다. 나에게는 친구들이랑 함께한다는 거가 가장 중요하다. 그래서 아까 말한 대로 밴드를 선택한다기보다는 대부분 친해지는 과정이거나 이미 친한 상태에서 자연스럽게 시작하는 경우가 많았다. 동료들이 뭔가를 함께 좋아하고, 그걸 만들기 위해 함께 노력하는 과정이 재미있다.

장기하와 얼굴들이나 이날치처럼 흔히 말하는 성공한 밴드에서 활동한 경험이 있는데, 그런 큰 사랑을 받아 본 처지에서 어

떤 음악이 많은 사랑을 받는다는 감각이 좀 생겼나?

어느 정도 생긴 것 같기도 한데, 당연히 운도 중요한 것 같다. 대중에게 사랑받는 음악이 무엇인지 정확히는 모르겠다. 음악이 쉽고 반복이 있는 것이 중요하다는 생각을 하는데, 음악 외적으로 비주얼이나 다른 쪽으로 플러스 알파가 잘 맞을 때 사람들이 좋아하는 거 같다.

요즘에는 영화, 드라마, 연극, 무용 등 다양한 장르에서 음악 감독으로 활동하고 있다. 밴드로 작업할 때랑 혼자서 작업할 때는 어떤 점이 다른가?

단순하게 생각하면 밴드에서는 일단 내 악기에 집중해야 한다. 내 악기에 집중하는 게 첫째이고, 그다음에는 전체적인 합의를 위해 함께 의논하는 과정을 거치면서 작업을 한다. 영화나 그런 종류 작업에서는 함께 의논하는 대상이 음악을 하는 동료가 아니라 연출자나 감독님, 더 크게는 투자사, 배급사, 제작사, 이런 분들이다. 그러면 소통 방식이 달라진다. 밴드를 할 때는 좀더 음악적으로 구체적인 이야기를 하는데, 이 경우는 어떤 분위기나 추상적인 부분에 관한 이야기가 더 많다. 얼마 전에 영상 작업을 할 때 음악이 더 무서워야 한다는 피드백이 있었는데, 밴드를 할 때 누군가를 무섭게 하기 위해 음악을 만드는 건 생각도 안 해본 일이다.

영화나 드라마뿐 아니라 공연 음악 작업도 종종 하고 있다. 결국 다양한 매체에서 음악을 두루 경험해 본 건데 정중엽이 더 애착을 느끼는 예술 형태가 있는가?

개인적으로 연극 작업이 재미있었다. 영상 음악의 경우 음악 전에 이미 영상은 다 완성돼 있는 경우가 대부분인데, 연극은 연습 단계부터 참여할 수 있고 음악이랑 피드백을 통해서 연출이 변하기도 하는 게 밴드하고 비슷하다는 생각을 했다. 물론 영화도 재미있다. 스타일이 다른 거라고 생각한다. 다만 연극 같은 경우 공연이 끝나면 음악이 사라지기 때문에 스스로 결과물을 아카이빙해 둬야겠다는 생각을 하고 있다.

기타 베이스 드럼, 신시사이저, 이펙터 등 많은 악기를 가지고 있다고 안다. 특히 1960년대, 1970년대 빈티지 악기들도 여러 개라고 들었다. 음악을 하면서 악기가 점점 단순해지는 사람도 있고 늘어나는 사람도 있는데, 정중엽은 분명하게 후자에 속한다. 악기를 계속 모으는 이유는 무엇인가?

어릴 때 형이랑 같이 자라서 내 물건이라는 개념이 희박했는데, 내 악기가 생기면서 내 소유 물건이라는 개념이 생겼다. 그게 좋았다. 좋아하는 악기들을 하나둘씩 모으고 바꾸는 게 큰 낙이었다. 소리에 호기심도 많아서 악기를 사고팔면서 내가 좋아하는 소리를 찾아 계속 헤맨 것 같다. 예전에는 기타랑 베이스, 기타 이펙터에 관심이 많았는데, 요즘에는 신시사이저 드럼 머신에 관심이 커져서 하나둘씩 모으고 있다.

옛날 악기들, 흔히 오리지널 빈티지라고 하는 악기들에는 어떤 매력이 있는가?

주변 형들 영향도 있었다. 빈티지 악기를 써보고 싶은 열망은 있는데 돈이 많지 않으니까 애매한 빈티지를 사서 이걸 내 손에 맞게 잘 고치거나 개조를 해서 나만의 소리를 가진 악기를 찾겠다며 악기를 사고팔고 있었는데, 그때 로다운30의 윤병주 형이 이야기를 했다. "중엽아 이런 그지 같은 것 좀 그만 사고 제대로 된 걸 하나 사라. 그래야 너가 빈티지에 대한 기준이 세워지지 않을까." 그때는 '아니에요. 저는 제 길을 갈 겁니다'라고 하기는 했는데, 그 뒤에 펜더 빈티지 베이스'를 구입하고 69 텔레베이스"를 사보니까 제대로 만들어진 빈티지는 소리도 좋고 손에도 되게 잘 붙는다는 걸 알게 됐다. 애매한 빈티지에서 나오던 이상한 불편함이나 하자도 없고. 그러면서 제대로 된 빈티지를 찾기 시작했다. 근데 사실 지금은 꼭 빈티지 악기가 없다고 작업을 할 때 무슨 문제가 생기기는 않는다. 이제 내가 빈티지의 소리가 뭔지 알겠고 필요하면 쓸 수 있게 된 때문인 것 같다.

도대체 그 빈티지의 소리란 게 뭔가?

일단 대부분 출력이 조금 떨어져 있다. 기타 베이스 같은 경우에는 자성이나 이런 게 백 퍼센트 상태는 아닌 경우가 많고, 고음역대가 좀 깎여 있는 경우도 많다. 사람들이 그런 소리를 듣기 좋다고 하는 거다. 반대로 고음역이 엄청 필요한 경우에는 단점이 될 수도 있는 소리다.

장비를 좋아하는 사람들 중에는 기술이 발전하면서 새로운 사운드를 찾아 첨단의 길을 걷는 음악가도 있는데, 빈티지를 좋아하는 사람들은 도대체 그 옛날 악기들로 뭘 표현하려고 하는 걸까?

사실 내가 좋아하던 시대를 향한 로망이 있으니까 빈티지 가격이 계속 오르는 게 아닐까 싶다. 그래도 빈티지 악기들로 꼭 옛날 소리를 내고 옛날 음악을 그대로 만들겠다는 마음은 아니다. 빈티지 악기들도 종류가 너무 많아서 그중에 내가 좋아하는 소리가 있고 그렇지 않은 게 있다. 옛날 장비들은 불편한 제약들이 많은데, 그런 게 작업을 할 때는 오히려 방

♪　미국 펜더(Fender)사에서 만든 악기. 보통 1950~1970년대에 생산된 제품을 말한다.

♪♪　미국 펜더사에서 만든 베이스 중 텔레케스터(Telecester) 라인으로 출시된 제품. 그중에서도 1969년에 만든 베이스가 '69 텔레베이스'다.

향성을 제시해 줄 때가 있어서 좋기도 하다.

소프트웨어 악기와 하드웨어 악기의 차이는 어떻게 느끼나?

아주 간단하게는 플러그인(Plug-in)˥ 같은 경우는 화면 안에 버튼이나 노브가 들어 있는데, 나는 그걸 가지고 실제 아날로그 악기를 만지는 것만큼 푹 빠져서 몇 시간씩 돌려 본 경험이 없다. 그러다가 희한하게 얻어걸리는 마음에 드는 소리들도 있다. 같은 아날로그 악기라도 보관 상태나 컨디션에 따라서 같은 세팅에서 다른 소리를 내기도 한다. 빈티지 하드웨어를 쓴다는 건 그런 매력이 있다.

기타와 베이스를 치다가 신시사이저 소리에 빠지게 된 이유가 있을까?

옛날에 텔레비전에서 영화에 사용되는 사운드 디자인에 관한 프로그램을 본 적이 있다. 돼지 울음소리로 공룡 소리를 만드는 거였는데, 굉장히 흥미롭다는 생각이 들었다. 그 뒤로 〈28일 후…〉라는 영화를 보고 거기 나오는 신시사이저 소리가 멋있어서 기억해 두다가 찾아본 적이 있다. 그러다가 베이스 치기 바빠서 잊었다. 그러다 나이를 먹고 음악을 계속하고 싶은데 예전처럼 밴드를 왕성하게 하기는 쉽지 않고 해서 다시 전자 음악에 관심을 갖게 됐다. 주변에 형들이 나이 들면서 전자 음악으로 가는 사람이 많았는데, 어릴 때는 그런 게 이해가 안 되다가 지금은 그 마음을 정말 잘 알겠더라. 베를린이나 이런 데를 왔다 갔다 하면서 로컬 전자 음악 레코드점 같은 데도 가보고 그러다가 점점 관심이 생기기도 했다. 사실 신시사이저나 드럼 머신이나 그런 악기들이 원래는 이미 있던 어쿠스틱 악기 소리를 따라 하기 위해 개발된 건데, 그 악기들이 다르게 사용되고 음악이 발전하는 게 재미있게 느껴졌다. 앞으로도 계속 뭔가 예상이랑 다르게 발전할 여지가 남아 있는 장르라고 생각한다.

판 것까지 합하면 지금까지 정말 많은 악기를 소유했을 텐데, 특별하게 아끼는 악기가 있는가?

미니 무그와 부클라 뮤직 이젤을 좋아한다. 기타 베이스를 포함하면 너무 많은데, 리켄베커, 프리시전, 호프너, 텔레베이스, 이렇게 베이스 네 개랑, 스트라토캐스터, 텔레캐스터, 이에스 355(Es-355), 클래식 기타와 통기타 하나, 이렇게는 계속 가지고 있을 것 같다.

♪ 컴퓨터 안에서 구동하는 소프트웨어 악기를 말한다. 소프트웨어만으로 존재하는 악기도 있지만 유명한 하드웨어 악기를 복각한 제품도 많다.

다룰 수 있는 악기가 많아지고 아는 레퍼런스가 늘어날수록 선택지가 많아서 음악을 만들기 어려워지기도 한다. 음악을 시작하고 전개하는 정중엽만의 방법이 있는가?

영상 작업을 할 때는 시나리오를 읽으면서 시작한다. 영상 템포에 맞춰 시작하기도 한다. 그런데 개인적인 작업일 때는 질문한 대로 고민이 많아지기는 한다. 그럴 때는 오히려 도구를 줄이는 게 답인 것 같다는 생각이 든다. 예를 들면 이 곡은 어떤 장비만으로 끝내 보자, 뭐 이런 식으로.

음악을 통해서 이루고 싶은 목표 같은 게 있나?

이렇게 얘기하면 좀 그럴 수도 있지만, 어릴 때 목표는 다 이룬 것 같다. 밴드를 해서 큰 무대에서 공연을 하는 것들 말이다. 그런데 밴드로 평생을 하기는 참 어려운 일 같다. 밴드라는 건 전성기가 있고, 그 이후에도 삶은 계속되니까. 사실 얼마 전 아이가 태어나면서 좀 생각에 변화했는데, 지금까지 음악을 하고 살았으니 앞으로 내 삶은 꼭 음악을 안 하고 살아도 괜찮겠다는 생각도 해봤다. 그래도 일단은 음악을 하고 있으니까, 지금은 내가 좋아하는 소리들로 재미있게 내 음악을 만들어 보고 싶다.

질문이 서서히 마무리되고 있다. 이 인터뷰는 소리와 음악에 관

한 질문을 통해 동시대의 배경을 돌아보는 데 목적이 있다. 음악가로서 지금의 시대적 상황에 관해 생각해 본 적이 있는가?

일단 뭔가를 만들고 교류하기에 정말 쉬운 세상이 된 것 같다. 사람들도 어떤 걸 들어도 다 받아들일 준비가 돼 있는 것 같고. 그런데 또 세상이 너무 빠르게 연결되다 보니 메이저한 음악들은 다 비슷해지는 것도 같고, 그래서 로컬리티가 있는 음악들이 더 소중해지고 인기를 얻는 것도 같다. 예를 들면 이날치 같은 음악 말이다. 음악적인 거를 떠나서 생각해보면, 이를테면 기후변화 같은 문제에 꽤 걱정도 있다. 아이를 키우다 보니까 지구가 빠른 속도로 망가지고 있다는 두려움 같은 게 더 크게 다가온다. 예술가들이 그런 상황에서 할 수 있는 일이 무엇일까 고민이 된다. '그런데 내가 그냥 기후 변화에 목소리를 내는 음악을 만든다고 해도 안 유명하면 무슨 영향력이 있을까? 그럼 결국 케이팝 같은 걸 해서 일단 유명해지는 수밖에 없는 건가? 그건 못할 거 같은데, 그럼 나는 뭘 해서 영향력을 가질 수 있지?' 그런 상상을 해본다.

내 문제의식은 지금 세상에 너무 들을 것이 많아서 어떤 소리도 별로 소중해지지 않는다는 것이다. 음악가로서 정중엽은

사람들이 좀더 소중하게 듣기를 바라는 소리가 있는가?

자연의 소리인 것 같다. 바람 소리나 파도 소리 같은 소리들. 또한 가족의 소리. 집에 있어도 각자 핸드폰만 보는 일들이 많은데, 내가 사랑하는 사람의 소리를 좀더 소중하게 들어야 하지 않을까 싶다.

마지막으로 공식 질문이 남아 있다. 어떤 사람의 무의식이 내고 있는 소리를 수음할 수 있는 특별한 마이크가 있다면, 정중엽에게서 어떤 소리가 녹음될 것 같나?

두 가지가 떠오른다. 하나는 그냥 심장 소리, 또 하나는 브라질 보사노바 연주자 주앙 지우베르투(Joao Gilberto)의 〈바우사(Valsa)〉라는 곡. 그냥 그 노래가 떠오른다.

안상욱

서울대학교 사회학과를 졸업하고 같은 학교 대학원 협동과정 여성학 전공에서 대중문화와 남성성에 관한 논문을 써 석사 학위를 받았다. 고등학교 때 힙합 음악을 만들어 언더그라운드 클럽에서 공연했고, 20대 중반부터 브라질 타악기를 공부하며 인디 음악 신에서 연주 활동을 시작했다. 2010년 크로스오버 그룹 '고래야'의 멤버가 된 뒤 정규 음반을 네 장 발표했으며, 30여 개국에서 여러 차례 공연했다. 2015년 플랑크톤 뮤직을 설립해 기획자로 활동하면서 박경소, 신박서클, 떼바람소리 등 한국 전통 음악의 경계를 넓히는 음악가들의 공연과 음반을 제작하는 한편, 전통 예술인을 조명하는 기획 공연 시리즈 '생기탱천'을 기획했다. 2023년 솔로 아티스트로 활동을 시작해 오랫동안 수집한 타악기들과 솔레노이드 자동 연주 장치를 활용한 공연 〈Left Behind〉를 발표했고, 2024년에는 인터뷰를 통해 수집한 소리를 12채널 스피커로 연주하는 공연 〈12 Sounds〉를 발표했다. 타악기와 전자 음악, 오픈 소스 기술 등을 활용해 '음악하기'의 의미에 질문을 던지는 작업을 지속하고 있다. 밴드 둘라밤의 멤버이기도 하다.

www.ansangwork.com

@ansang_work

contact@planktonmusic.com